Rainer Butz · Hans Magolt

Flötenzirkus
Band 1
Die Blockflötenschule für Kinder ab fünf Jahren

mit Illustrationen von Karin Schliehe
und Bernhard Mark

ED 9491
ISMN M-001-13253-4
ISBN 3-7957-5612-X

www.schott-music.com

Mainz · London · Madrid · New York · Paris · Prag · Tokyo · Toronto
© 2002 SCHOTT MUSIK INTERNATIONAL GmbH & Co. KG, Mainz · BSS 50741 · Printed in Germany

Inhaltsverzeichnis

Begrüßung	3	Malseite	31	Wir sind zwei Musikanten	56
Deine Blockflöte	4	Tanzende Finger	32	**Das tiefe c**, Celloclown	58
Das Anblasen der Flöte	6	**Das hohe c**, Cäsars Lied	33	König Sansibar, Seemannslied	59
Die „dü"-Sprache	7	Versteckspiel, Schneck im Haus	34	**Der Ton f**, Froschmahlzeit	60
Das Anrufspiel, Die Notenschrift	8	Katzenfreund, Sonnenstrahl	35	Posthorn, Kleine Tänzer	61
Die Viertelnote und die halbe Note	8	Der Artist	36	Indianerlied	62
Das Namenspiel	9	Die Akrobatin, Zirkus-Polka	37	Frecher Floh	63
Geschichten aus dem Orient	10	Taximann, Hoffnung	38	Wellenspiel	64
Das Atemzeichen, Wir machen Musik	11	Rundtanz, Kleiner Eisbär	39	Heimweh, Alle meine Entchen	65
Der Ton a, Affenglück	12	**Der Ton e**, Elefantenkind	40	**Der Haltebogen**, Abendlied	66
Märchenwald, Spiegelbild	13	Hoppe, hoppe Reiter	40	Der Mond ist aufgegangen	67
Krokodiltraum, Kängurutrick	14	Froschkönig	41	**Lieder für besondere Anlässe**	68
Der Ton h, Hasenzauber	15	**Die ganze Note**, Kasperle	41	Ständchen, Viel Glück und viel Segen	68
Regenlied, Schlangenbeschwörer	16	Chinesischer Tanz, Dressurwalzer	42	Party-Samba	69
Begrüßung	16	**Das hohe d**, Dinosaurierpech	43	Hurra, hurra, der Pumuckl ist da!	70
Der Takt, Mutiger Dompteur	17	Die Feuerwehr	43	**Die punktierte Viertelnote**	71
Armer Jongleur	18	Segelfliegen, Tanzkanon	44	Winter, ade!	71
Malseite	19	Ist ein Mann in Brunn' gefallen	45	Sommerkanon, Laternenlied	72
Der Ton g, Giraffenproblem	20	Summ, summ, summ	46	Schneeflöckchen, Weißröckchen	73
Die zweite Stimme, Verspätung	21	Hänschen klein und seine Freunde	47	O Heiland, reiß die Himmel auf	74
Langschläfer	22	**Die Viertelpause**, Kuckuck	48	Lasst uns froh und munter sein	75
Die halbe Pause, Gute-Nacht-Lied	23	Hänsel und Gretel	49	Ihr Kinderlein kommet	76
Seemannslied	24	**Das tiefe d**, Dino-Alltag, Posthorn	50	Was soll das bedeuten	77
Freches Nikolauslied	25	**Die ganze Pause**	51	Alle Jahre wieder	78
Der Zweier- und der Vierertakt	26	Onkel Donald hat 'ne Farm	51	Lobet den Herren (Kanon)	79
Künstler	26	Schottisches Lied	52	Sende dein Licht, Halleluja (Kanons)	79
Der Dreiertakt, Nachts im Wald	27	**Die Achtelnote**, Zirkus-Ballett	53	Europa-Hymne	80
Die punktierte halbe Note, Feentanz	28	Tipi-Tap-Schritte, Tipi-Tap-Lied	53	**Hintere Umschlagseiten:**	
Der Auftakt, Der Wal, Am Trapez	29	Zirkustiere (Kanon)	54	Das große Zirkus-Bilderrätsel	
Ritter und Prinzessin	30	Meine kleine Flöte	55	Grifftabelle, Lehrerkommentar	

Hallo liebes Zirkuskind!

Hereinspaziert und willkommen im lustigen Flötenzirkus! Toll, dass wir uns kennen lernen. Wenn wir nur wüssten, wie du heißt und aussiehst! Falls du deinen Namen schon schreiben kannst, schreibe ihn gleich unten hin und male dazu ein Bild von dir. Kannst du deinen Namen noch nicht schreiben, genügt natürlich das Bild.

Male dazu auch noch deine Flöte, denn Flöten können ziemlich verschieden aussehen.
Nimmst du dein Kuscheltier gerne in den Zirkus mit? Dann male es hier am Eingang. Jetzt kann wirklich niemand mehr dein Flötenbuch verwechseln und es kann richtig losgehen! Mit Musik!

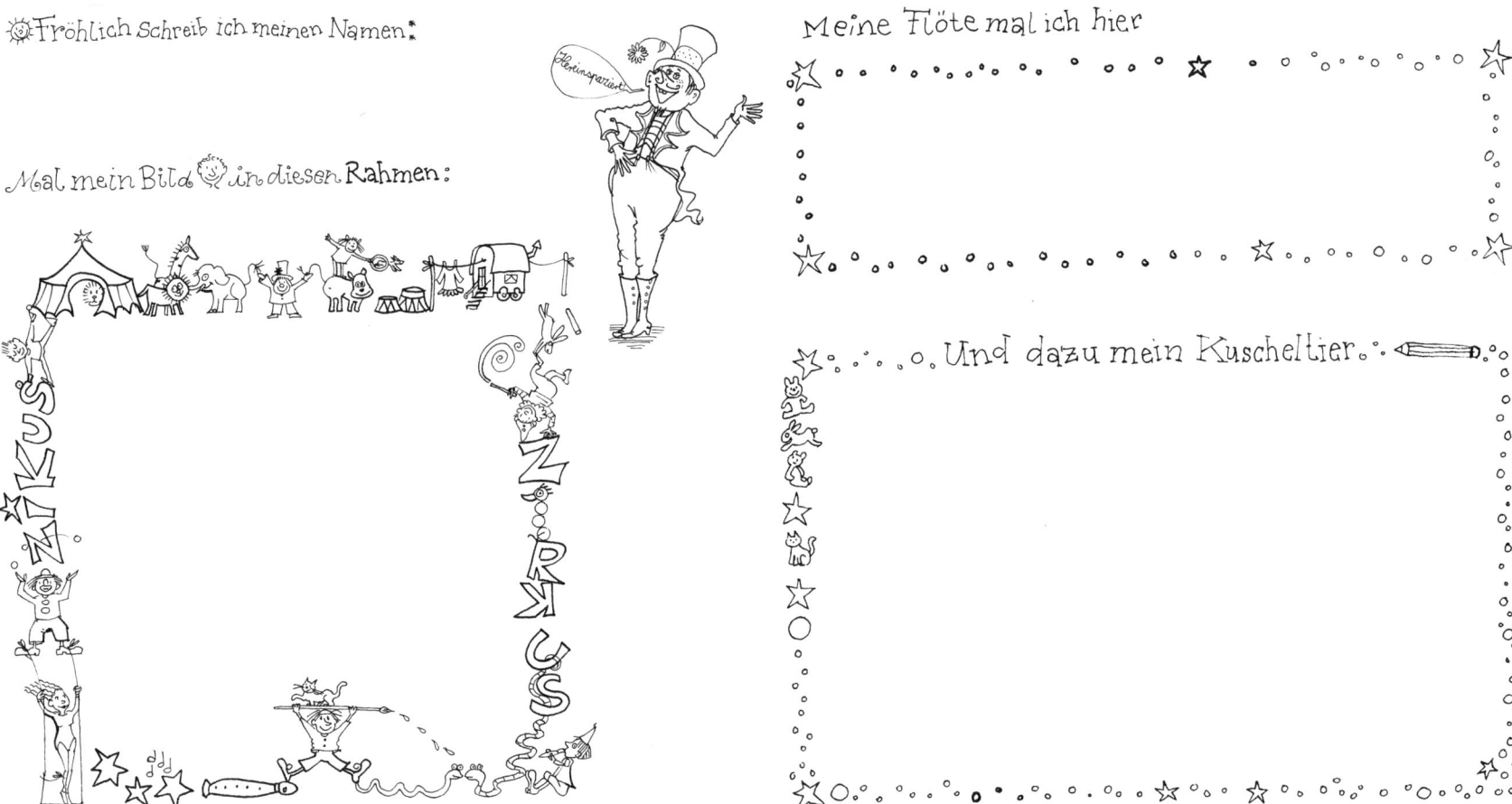

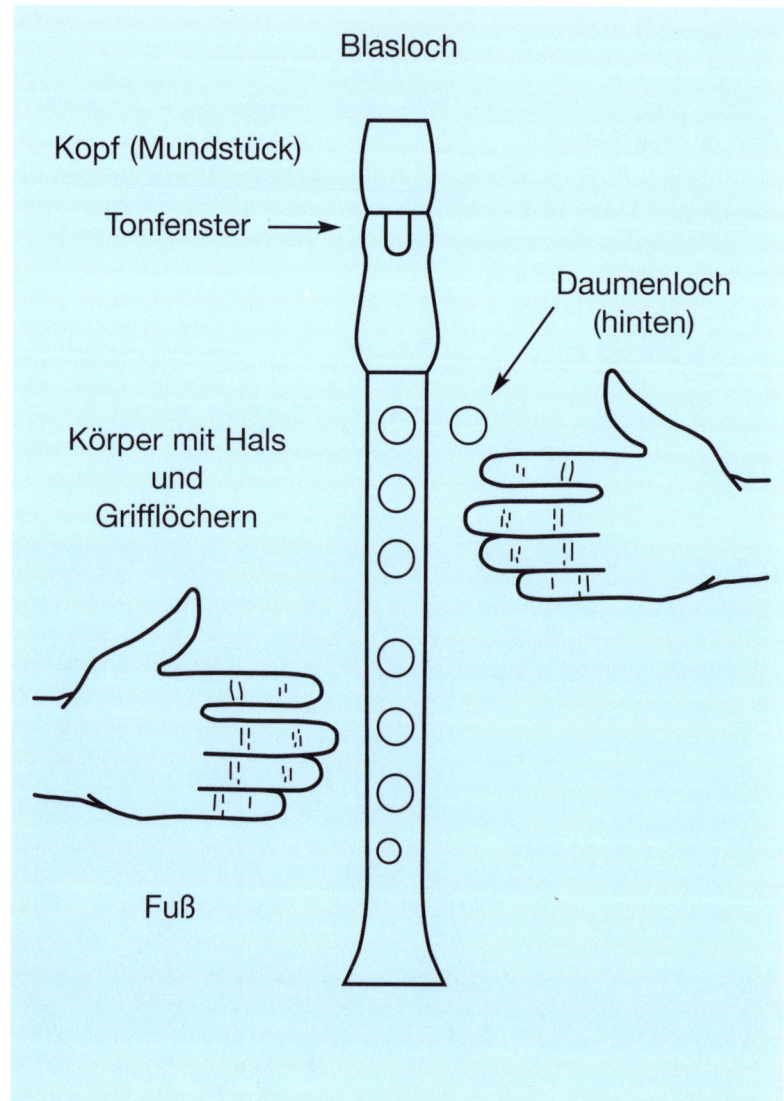

Deine Blockflöte

Jetzt lernst du deine Flöte kennen. Sie hat wie du alle wichtigen Körperteile, also Kopf, Hals und Körper.

Zu deiner Flöte gehört immer ein Etui (Kasten oder Hülle). Zur Pflege gibt es einen Wischer und Flötenfett.

Setz den Kopf (das Mundstück) mit einer kleinen Drehung auf den Flötenhals, bis das Tonfenster und die Grifflöcher auf einer geraden Linie sind. Willst du den Kopf später abnehmen, hilft wieder eine kleine Drehung.

Musik ist etwas Schönes, und Musikinstrumente sind etwas Besonderes. Fasse deine Flöte daher stets vorsichtig an und behandle sie immer mit Sorgfalt. Damit ihr Ton schön bleibt, darfst du nie am Blasloch oder Tonfenster herumbohren.

Pass auf, wenn du deine Flöte auf den Tisch legst. Sie rollt nämlich leicht davon und fällt gar auf den Boden, was ihr ernsthaften Schaden zufügen kann. Sorge also immer für einen festen Halt.

Putz nach dem Spielen die Flöte am besten innen mit einem weichen Wischer aus, da sich beim Spielen immer etwas Feuchtigkeit darin sammelt. Besonders Flöten aus Holz sollen nicht feucht ins Etui kommen.

Deine Flöte gehört jetzt zu dir. Pass deshalb gut auf sie auf und lass sie niemals liegen oder gar fallen. Wenn du sorgfältig mit ihr umgehst, wirst du viel Freude an deiner Flöte haben.

Was gute Flötenspieler beachten

Sitz aufrecht oder stehe beim Flöten.

Drück nie die Daumen durch, sondern halte sie rund.

Leg die Finger genau auf die Grifflöcher, aber nicht nur mit den Fingerkuppen, sondern flach mit dem ganzen Fingerabdruck. Drück dabei nicht zu fest auf die Flöte.

Achte darauf, dass jeder Finger sein Griffloch luftdicht verschließt. Sonst quietscht die Flöte, und das liegt an dir!

Bei unseren ersten Tönen greift nur die linke Hand. Die Finger der rechten Hand liegen dabei neben ihren Grifflöchern. Für beide Hände ist also von Anfang an eine gute Haltung wichtig. Dabei liegen die Arme nicht am Körper an.

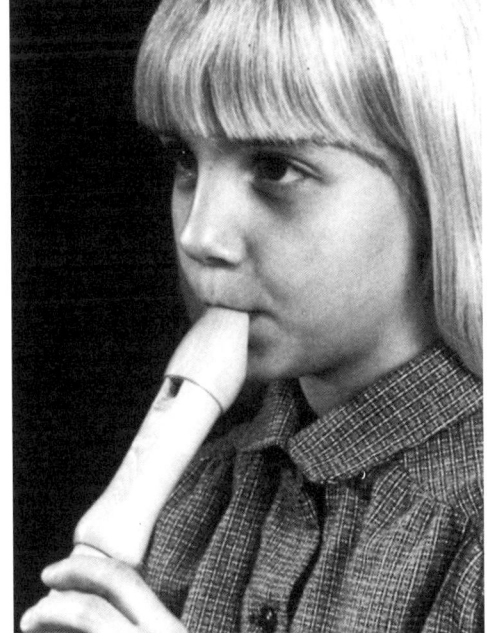

Für später

Sitzt das Mundstück einmal zu fest, reibe den kleinen Kork am Flötenhals ganz sachte mit Flötenfett ein.

Sitzt das Mundstück aber einmal zu locker, kannst du einen ganz dünnen Bindfaden um den Flötenhals wickeln. Vielleicht hilft dir auch jemand dabei. Danach sitzt wieder alles fest.

Das Anblasen der Flöte

Blasen: Bevor wir den ersten Ton auf der Flöte spielen, wollen wir erst einmal sehen, wie gut du bei Puste bist. Halte deine Hand vor den Mund, damit du die unterschiedliche Art des Blasens spürst.

Stell dir vor, du würdest eine **Pusteblume** anblasen.

Blase jetzt ganz vorsichtig, wie wenn du eine **Kerze** nur **zum Flackern** bringen willst.

Dann blase kräftig alle **Geburtstagskerzen** aus.

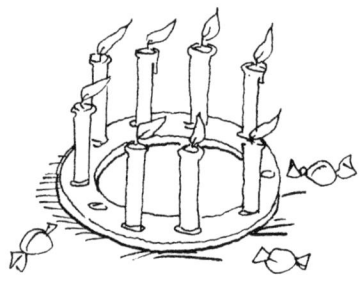

Versuche vorsichtig, eine **Seifenblase** in die Luft zu blasen.

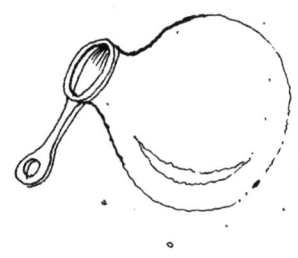

Zum Schluss bläst du so fest, als ob du einen **Luftballon** aufbläst.

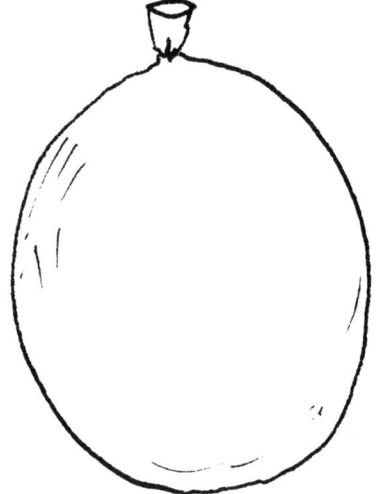

Pfeifen: Versuche jetzt einmal, mit dem Mund und schmalen Backen einen Ton zu pfeifen. Kannst du auch eine ganze Melodie pfeifen?

Flöten: Damit der Ton beim Flöten schön beginnt, blasen wir immer sachte mit einem „dü" ins Mundstück. Dazu lernen wir jetzt die **„dü"-Sprache**.

Die „dü"-Sprache

Kennst du Wörter, die mit weichem **„d"** beginnen?
Dann **sprich** sie laut.

Sprich nun **laut** einige Sätze aus solchen „d"-Wörtern
mit natürlicher **Betonung** nach (alle Wortteile gleich lang):

1) Di-cke Dä-nen du-schen dau-ernd.
2) Dum-me Da-ckel dul-den Durst.
3) Drol-li-ge duss-li-ge Da-men da drin-nen.
4) Dor-nen-rei-che Dü-nen-grä-ser duf-ten durch den Dunst.
5) Die Dau-men dür-fen Del-len drü-cken.
6) Der Dü-sen-jet don-nert durch dün-ne-re Dä-cher.

Sprich nun für jeden Teil eines Wortes **„dü"**. Versuche,
wie vorher zu betonen!
Beispiel: Aus „Dü-sen-jet" wird „dü-dü-dü".
Zur Kontrolle spricht ein anderes Kind das
gedachte Wort dazu.
Spiele die Worte auf der Flöte, indem du „dü" ins Mundstück
hinein sprichst.

Sprich jetzt die Sätze von oben oder einen Kinderreim in der
„dü"-Sprache. Wer erkennt den Satz?
Beispiel: Aus „Häns-chen klein..." wird „dü-dü-dü..."
Jetzt ist die richtige Betonung besonders wichtig!
Spiele auch diese Sätze auf der Flöte, sodass die Betonungen
hörbar sind.

Sprich nie mit hartem **„t"** in die Flöte wie bei:
Tausend Tiger toben täglich toller!

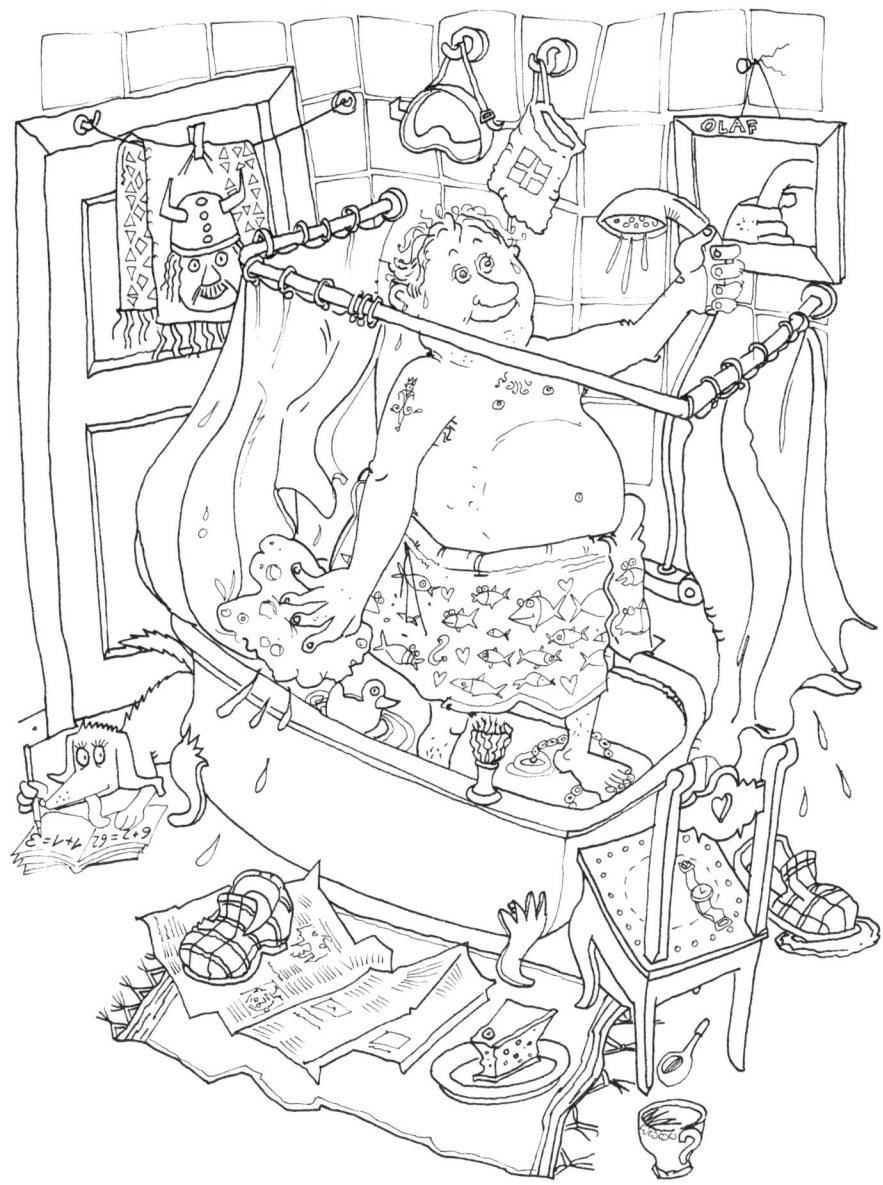

Das Anrufspiel

Den Hörer heb' ich ab geschwind, *(Lehrer/-in)*
    düüüü... *(Kind/Kinder)*
schon drückt Mama die Zahlen.
    düd - düd - düd - düd - düd - düd ...
Das Tuten hört ein jedes Kind,
    düüüd - düüüd - düüüd - düüüd ...
will in der Zeit was malen.

War keiner da, wird aufgelegt,
ich spiel' solang im Garten.
Und ist der Apparat belegt
    düüd - düüd - düüd - düüd - düüd ...
muss ich noch etwas warten!

Die Notenschrift – Die Viertelnote und die halbe Note

Wie beim Anrufspiel gibt es in der Musik kurze und lange Töne.
Die Zeichen für kurze Töne heißen **Viertelnoten**, die Zeichen für
die doppelt so langen Töne heißen **halbe Noten**.
Wie du haben sie einen Kopf und einen Hals.

Die kurzen Töne (Viertelnoten) dauern einen Schlag, die
längeren Töne (halbe Noten) zwei Schläge lang.
Dabei sind alle Schläge immer gleich lang.
Du kannst sie leicht klatschen. Zähle dazu jeden Schlag.

Viertelnote: zähle **1**   **Ein**schlagnote
halbe Note: zähle **1 2** **Zwei**schlagnote (klatsche den zweiten Schlag in die Luft)

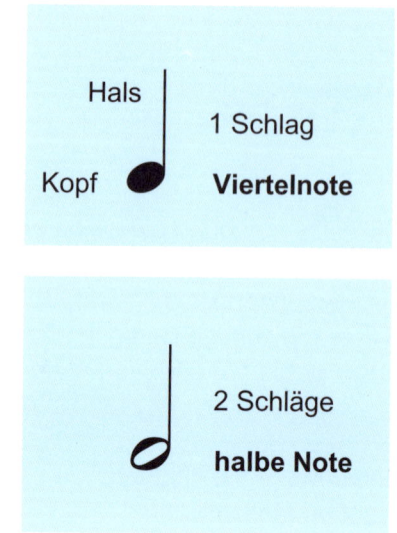

Das Namenspiel

Sprich laut deinen Namen. Welcher Wortteil ist betont?
Sprich dann die Namen deiner Geschwister und Freunde.
Sprich die Namen jetzt mit langen und kurzen Wortteilen.
Mit welchen Noten kann man diese Namen schreiben?
Schau jetzt auf die Kärtchen unten und versuche sie
mit kurzen und langen Tönen zu sprechen.
Welches Namenskärtchen passt für deinen Namen?

Beispiele: Maria, Lars, Anneliese, Lorenz, Jessica, Dominik

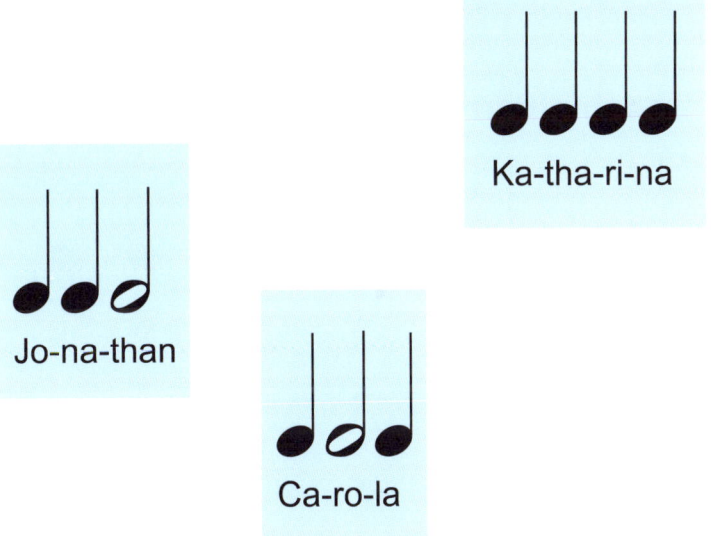

Schreibe hier dein eigenes Namenskärtchen und das deiner besten Freundin oder deines besten Freundes.

Kurz und lang

Sprich zuerst jede Zeile mit dem Text, dann in der **„dü"-Sprache** und versuche zuletzt, sie nur auf dem Mundstück zu spielen.

Geschichten aus dem Orient

Fri - do - lin, so heißt die glat - te un - be - haar - te Wüs - ten - rat - te.

Va - len - tin ist ein Scha - kal, er hat Freun - de oh - ne Zahl.

Dro - me - dar Wal - de - mar kennt die Wüs - te ganz und gar.

A - li der Be - du - i - ne wan - dert auf ei - ner Dü - ne.

Das Atemzeichen

Beim Dreieck darfst du Atem holen. Schaffst du sogar zwei Abschnitte ohne Luft zu holen?

Wir machen Musik

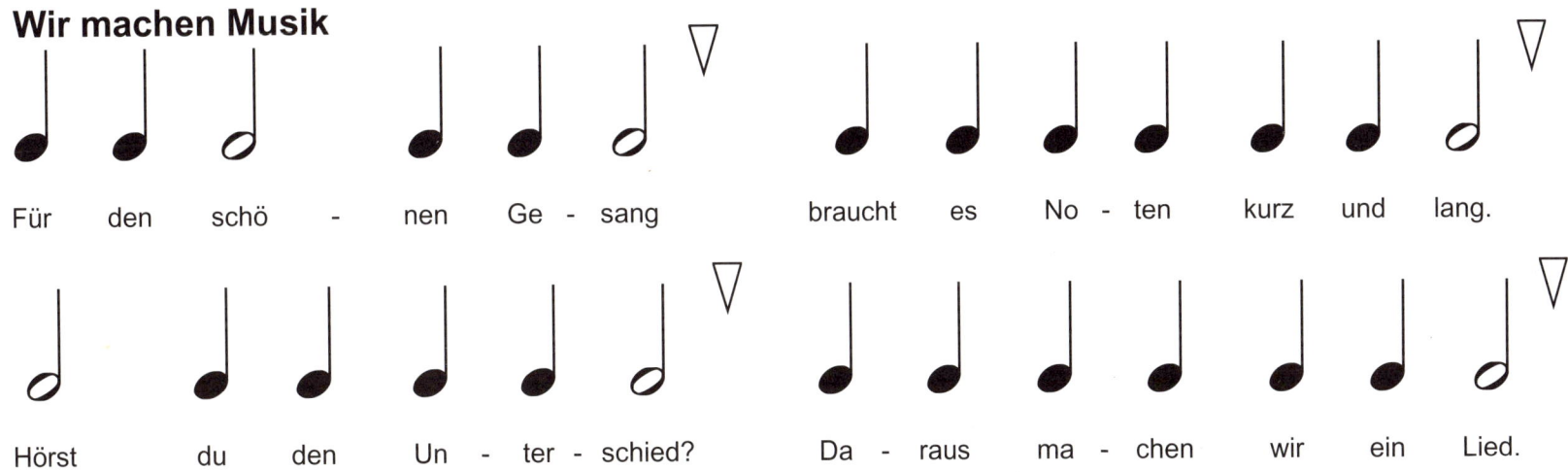

Der Ton a

Der Notenschlüssel zeigt an: In dieser Zeile steht Musik!

Tipp:
Halte alle Finger, die gerade nicht gebraucht werden, **oberhalb** der Flöte!

So wie du einen Namen hast, hat auch jeder Ton einen Namen. Er wird mit einer Note auf Notenlinien aufgeschrieben. Es gibt fünf Notenlinien, so viele wie du Finger an der Hand hast. Beim **a** schaut der Notenkopf wie durch eine Jalousie unter der mittleren Linie heraus. Sein Hals zeigt nach oben.

Male den **Belohnungspunkt** am Ende jedes Liedes in deiner Lieblingsfarbe aus, wenn du das Lied gut kannst.

Affenglück

An - na Af - fen - da - me mag so gern Ba - na - ne.
Frisst 'nen gan - zen Hau - fen, muss sie ja nicht kau - fen!

R.B.

© 2002 Schott Musik International, Mainz

Märchenwald

Tief im Wald dort hinter sieben Bergen,
wohnt Schnee-witt-chen mit den sieben Zwer-gen.

© 2002 Schott Musik International, Mainz

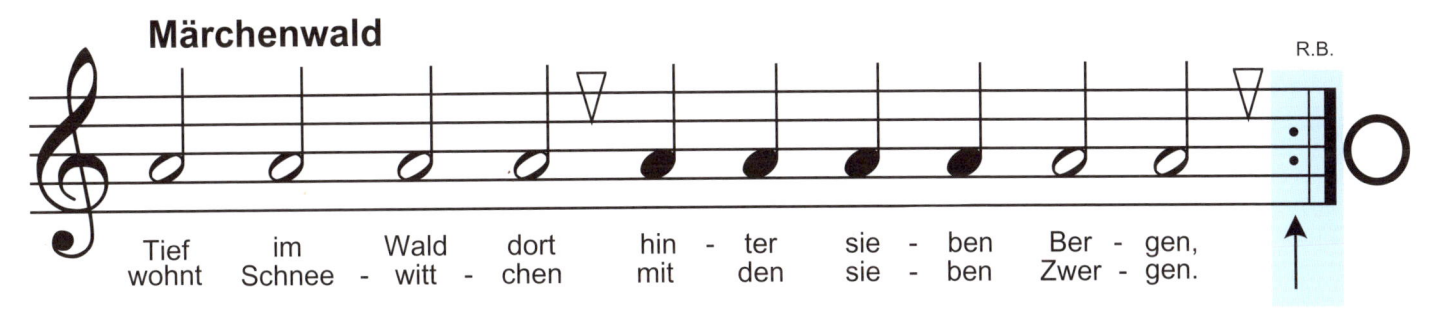

Das **Wiederholungszeichen** am Ende der Zeile (Doppelstrich mit zwei Punkten) zeigt an:
Dieses Lied soll ohne Pause noch einmal gespielt werden. Dabei singt man die zweite Textzeile.

Spiegelbild

Spieg-lein, Spieg-lein an der Wand,
bin ich Schön-ste(r) hier im Land?

© 2002 Schott Musik International, Mainz

Krokodiltraum

R.B.

Kro - ko - di - le, die ha - ben schar - fe Zäh - ne.
Hät - ten lie - ber dem Lö - wen sei - ne Mäh - ne.

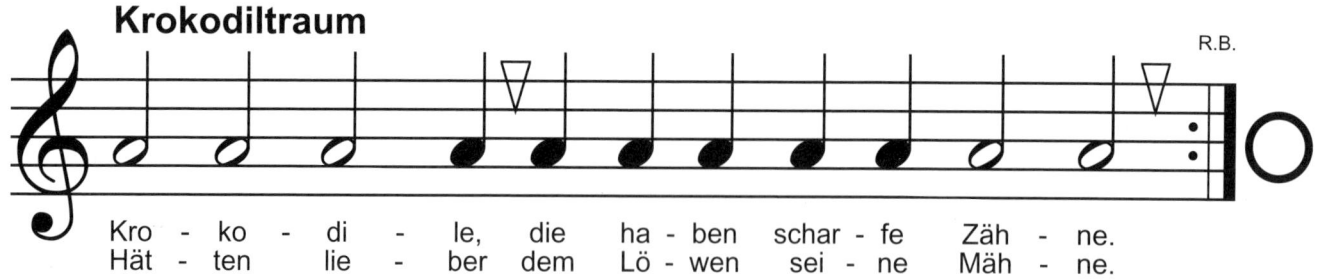

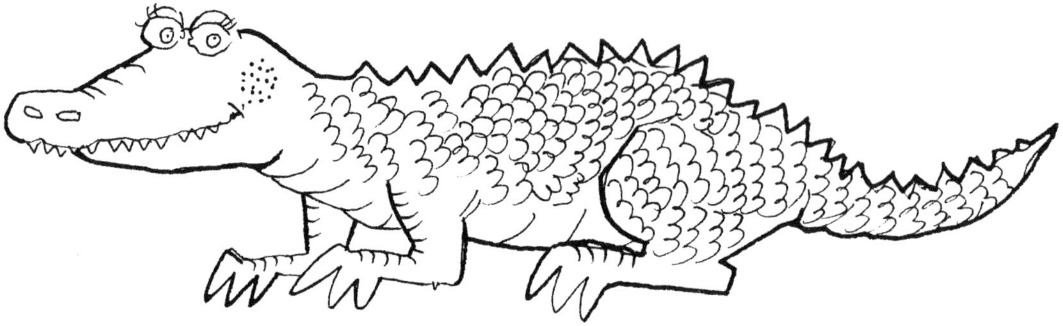

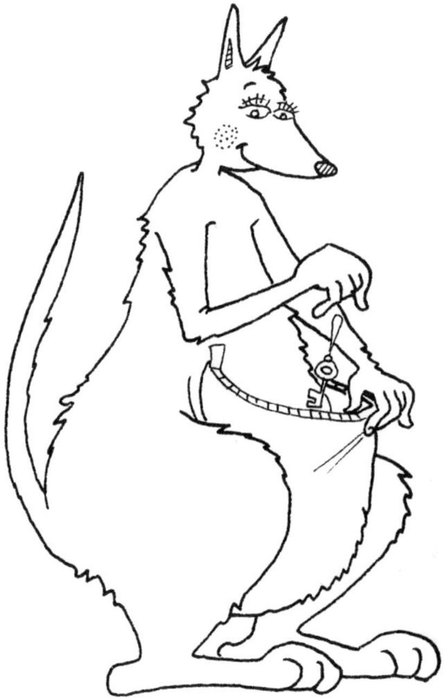

Kängurutrick

R.B.

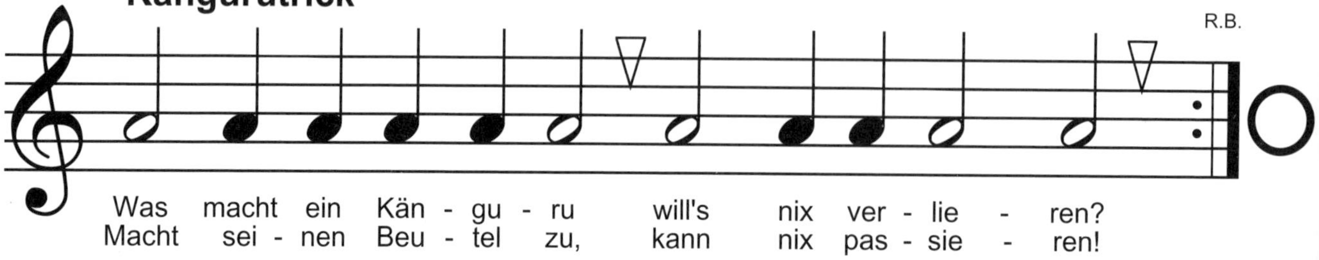

Was macht ein Kän - gu - ru will's nix ver - lie - ren?
Macht sei - nen Beu - tel zu, kann nix pas - sie - ren!

Der Ton h

Beim **h** sitzt der Notenkopf auf der mittleren Notenlinie. Sein Hals zeigt nach unten und der Kopf schaut nach vorne.

Hasenzauber   R.B.

Je - den A - bend zau - bert Knut
Ha - se Hu - bert aus dem Hut.

© 2002 Schott Musik International, Mainz

Klatsche die **h**-Noten und **patsche** die **a**-Noten auf deine Schenkel oder einem anderen Kind in die Hände.

Regenlied

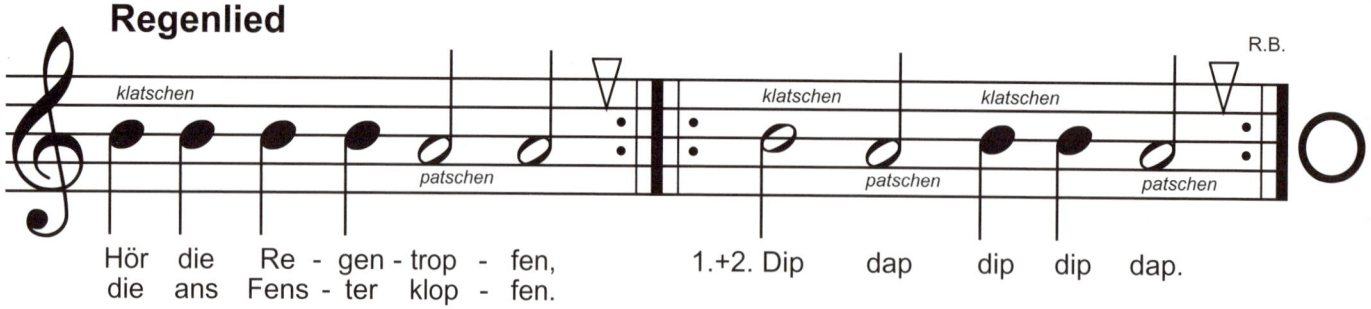

Hör die Re - gen - trop - fen,
die ans Fens - ter klop - fen.

1.+2. Dip dap dip dip dap.

© 2002 Schott Musik International, Mainz

Schlangenbeschwörer

Ach - med be - schwört mit Flö - ten je - de Schlan - ge.
In sei - nem Korb sind kur - ze und auch lan - ge.

© 2002 Schott Musik International, Mainz

Begrüßung

Wer be - grüßt die Leu - te hier im Zir - kus heu - te?
Das macht im - mer Hek - tor, er ist der Di - rek - tor.

© 2002 Schott Musik International, Mainz

Der Takt

Musik wird nach ihren Betonungen in gleich lange Takte eingeteilt. Jeder Takt beginnt betont und wird mit einem **Taktstrich** abgeschlossen. Das Lied unten hat zum Beispiel immer nach zwei Schlägen eine Betonung. Viele Lieder haben aber auch erst nach vier Schlägen wieder eine Betonung. Versuche doch einmal, von den vorigen Liedern den Takt herauszufinden. Trage dann die Taktstriche ein.

Spieltipp:
Im Wechsel spielt ein Kind den Dompteur, während sich die anderen Kinder in ein Tier ihrer Wahl verwandeln.

© 2002 Schott Musik International, Mainz

Armer Jongleur

Pit der Jong-leur wär vom Pub-li-kum um-ge-ben,
würf' er die Mes-ser nicht im-mer nur da-ne-ben.
Keu-len, zum Heu-len, be-kommt er nie zu fas-sen.
Beu-len wie Säu-len kriegt er und zieht Gri-mas-sen.

Spieltipp:
Versuche selbst mit kleinen Softbällen zu jonglieren. Womit kannst du noch Kunststücke vollführen?

© 2002 Schott Musik International, Mainz

Male hier den Ton **a** in Viertelnoten und in halben Noten mit Hals nach oben.
Klatsche dein Musikstück, **sprich** es in der „dü"-Sprache und **spiele** es danach.

Male jetzt den Ton **h** in verschiedenen Noten mit Hals nach unten.
Achte darauf, dass der Hals auf der richtigen Seite vom Kopf sitzt.

Der Ton g

Beim **g** brauchst du alle Flötenfinger der linken Hand.

Giraffenproblem

R.B.

Schimpf - te die Gi - raf - fen - frau auf der Ur - wald - mo - den - schau:
„Was ist das für ein Skan - dal, hier gibt's kei - nen lan - gen Schal!"

© 2002 Schott Musik International, Mainz

Die zweite Stimme

Als Artist flötet der Seehund natürlich schon besser als das Zirkuskind, darum spielt die Lehrerin oder der Lehrer seine Töne dazu.
Ein anderes Kind kann diese auch auf dem **Xylophon** oder dem **Glockenspiel** spielen.

Verspätung

R.B.

Sieh nur wie die Li - sa rennt in den Kin - der - gar - ten,
Kommt sie dann zur Tür he - rein, muss sie ziem - lich schnau - fen.
hat wohl heu - te früh ver - pennt, al - le müs - sen war - ten.
Al - le grin - sen ganz ge - mein, so ein fre - cher Hau - fen!

© 2002 Schott Musik International, Mainz

Die halbe Pause

Lieder schließen oft mit einer Pause von zwei Schlägen. Dafür gibt es ein eigenes Zeichen, die **halbe Pause**. Sie ruht sich auf der mittleren Notenlinie **liegend** aus.

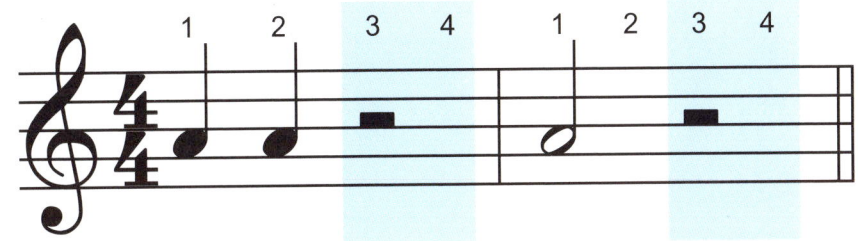

Kinderlied aus Frankreich
dt.T: R.B.

Gute-Nacht-Lied

Bei des Mon - des Schei - ne, schla - fe ich gut ein.
Bin dann nicht al - lei - ne, er will bei mir sein.

© 2002 Schott Musik International, Mainz

23

Seemannslied

Kinderlied aus England
dt.T: R.B.

Fröh - lich se - geln wir da - hin, wir da - hin, wir da - hin.
Fröh - lich sin - gen wir ein Lied, wir ein Lied, wir ein Lied.

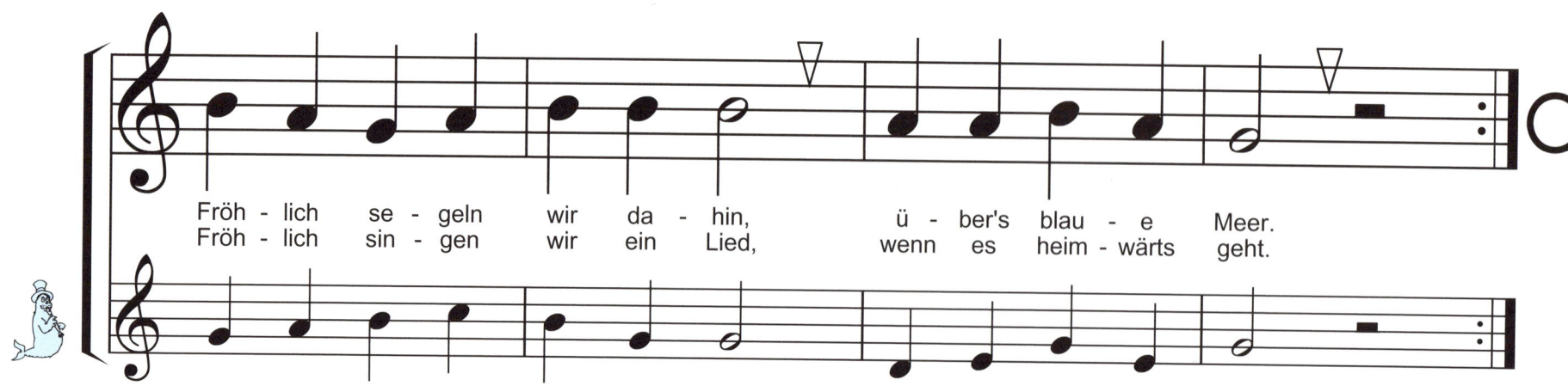

Fröh - lich se - geln wir da - hin, ü - ber's blau - e Meer.
Fröh - lich sin - gen wir ein Lied, wenn es heim - wärts geht.

© 2002 Schott Musik International, Mainz

Spieltipp:
Die Kinder stellen sich in Zweierreihen hintereinander auf und bilden mit erhobenen Armen ein Segel.
Mit Körperbewegungen im Rhythmus von zwei Takten stellen sie das nach beiden Seiten schwankende Boot dar.

Freches Nikolauslied

Kinderlied
Satz & T2: R.B.

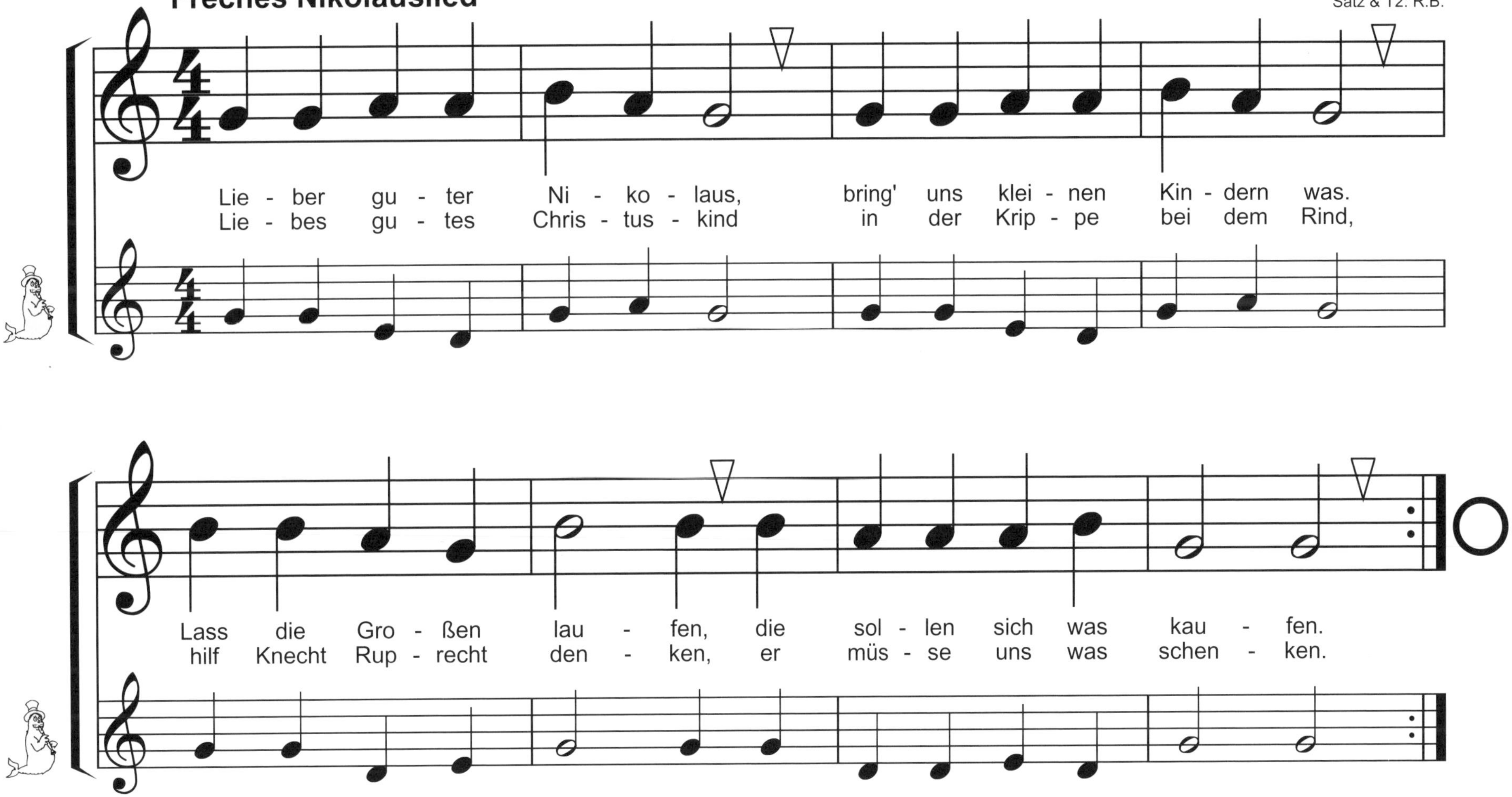

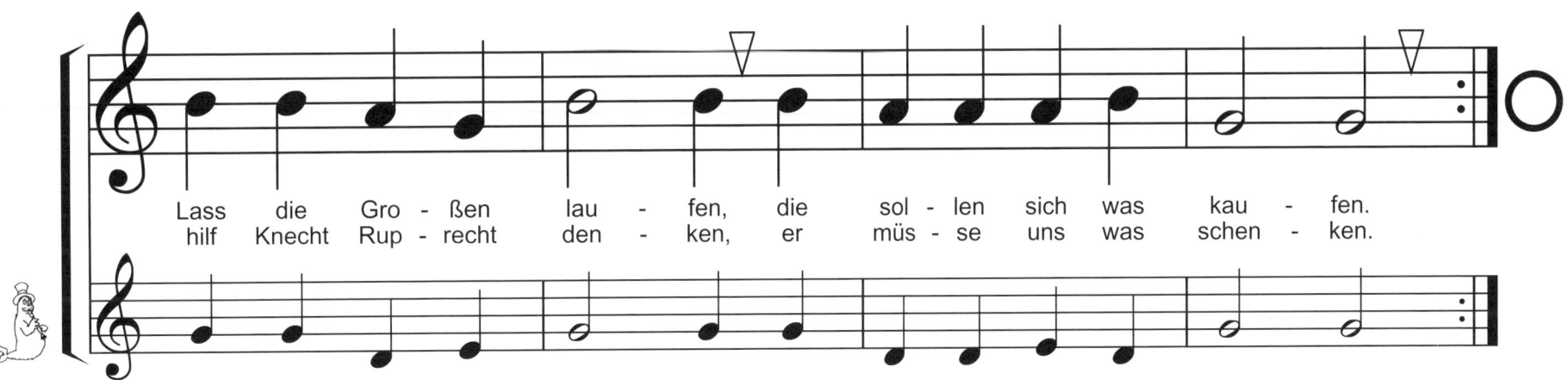

Der Zweier- und der Vierertakt

Viele Lieder haben nach zwei oder vier Schlägen eine deutliche Betonung. Sie haben dann einen regelmäßigen Takt. Das Zeichen aus Zahlen nach dem Notenschlüssel gibt ihn an. Weil die Schläge Viertelnoten sind, sagt man auch **Zweivierteltakt** und **Viervierteltakt**.

Spiele das Lied im Vierertakt mit den angegebenen **Lautstärken**.

Auch eine **Trommel** oder **Triangel** können passend eingesetzt werden.

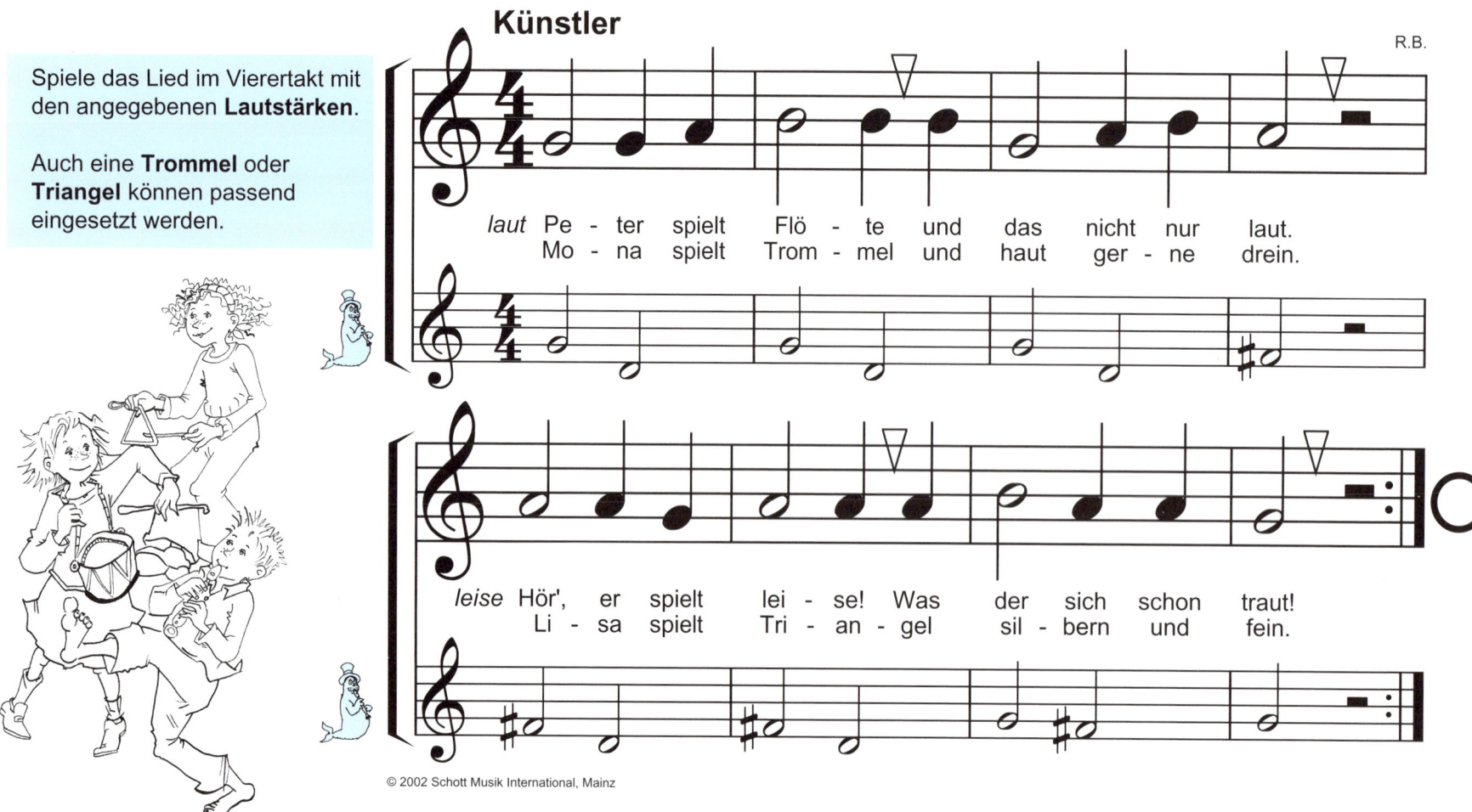

Künstler
R.B.

laut Peter spielt Flöte und das nicht nur laut.
Mona spielt Trommel und das haut gerne drein.

leise Hör', er spielt leise! Was der sich schon traut!
Lisa spielt Triangel silbern und fein.

© 2002 Schott Musik International, Mainz

Der Dreiertakt

Bei manchen Liedern wird der erste von drei Schlägen betont. Sie haben einen **Dreiertakt** oder **Dreivierteltakt**.

Nachts im Wald

R.B.

leise „Hal - lo, hal - lo!" ruft ei - ne Krä - he,
laut „Hör doch, hör doch auf mit dem Heu - len.

hätt' gern Freun - de in ih - rer Nä - he.
Setz dich zu uns," ru - fen die Eu - len.

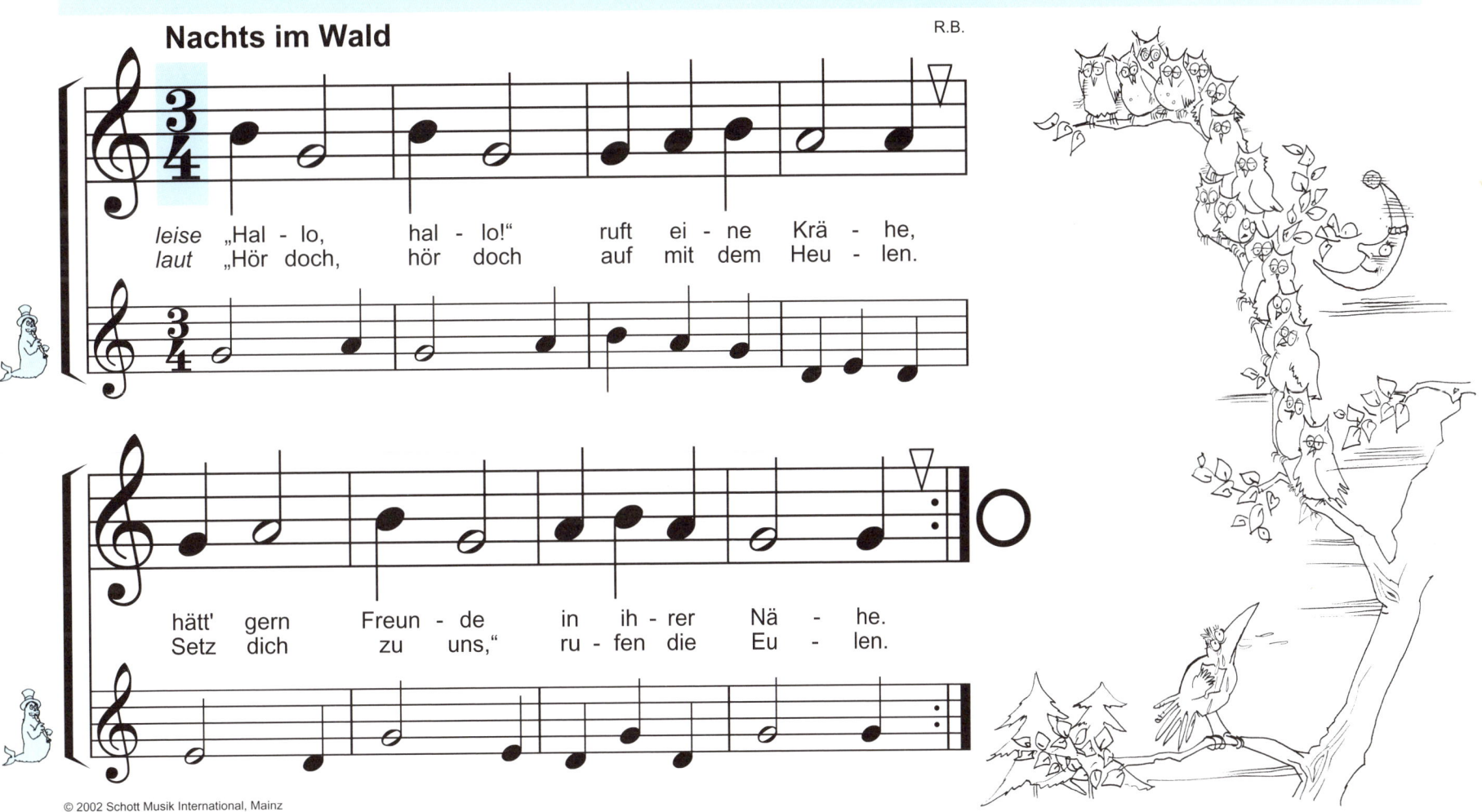

© 2002 Schott Musik International, Mainz

Die Dreischlagnote oder punktierte halbe Note

Sie ist eine halbe Note, die einen Punkt mit sich herumschleppt und somit drei Schläge lang dauert.

Feentanz

Im Mon- den- schei- ne da tanzt ei- ne Fee,
Das kann ich auch, dach- te furcht- los der Kauz.

links he- rum, rechts he- rum auf ei- nem Zeh.
Da brach der Ast, und er fiel auf die Schnauz'.

© 2002 Schott Musik International, Mainz

Der Auftakt

Bei einigen Liedern ist erst die zweite Note betont. Dann steht die erste Note alleine und ihr Takt ist unvollständig. Er heißt **Auftakt**. Zusammen mit dem letzten Takt ergibt der Auftakt stets wieder einen vollen Takt.

© 2002 Schott Musik International, Mainz

© 2002 Schott Musik International, Mainz

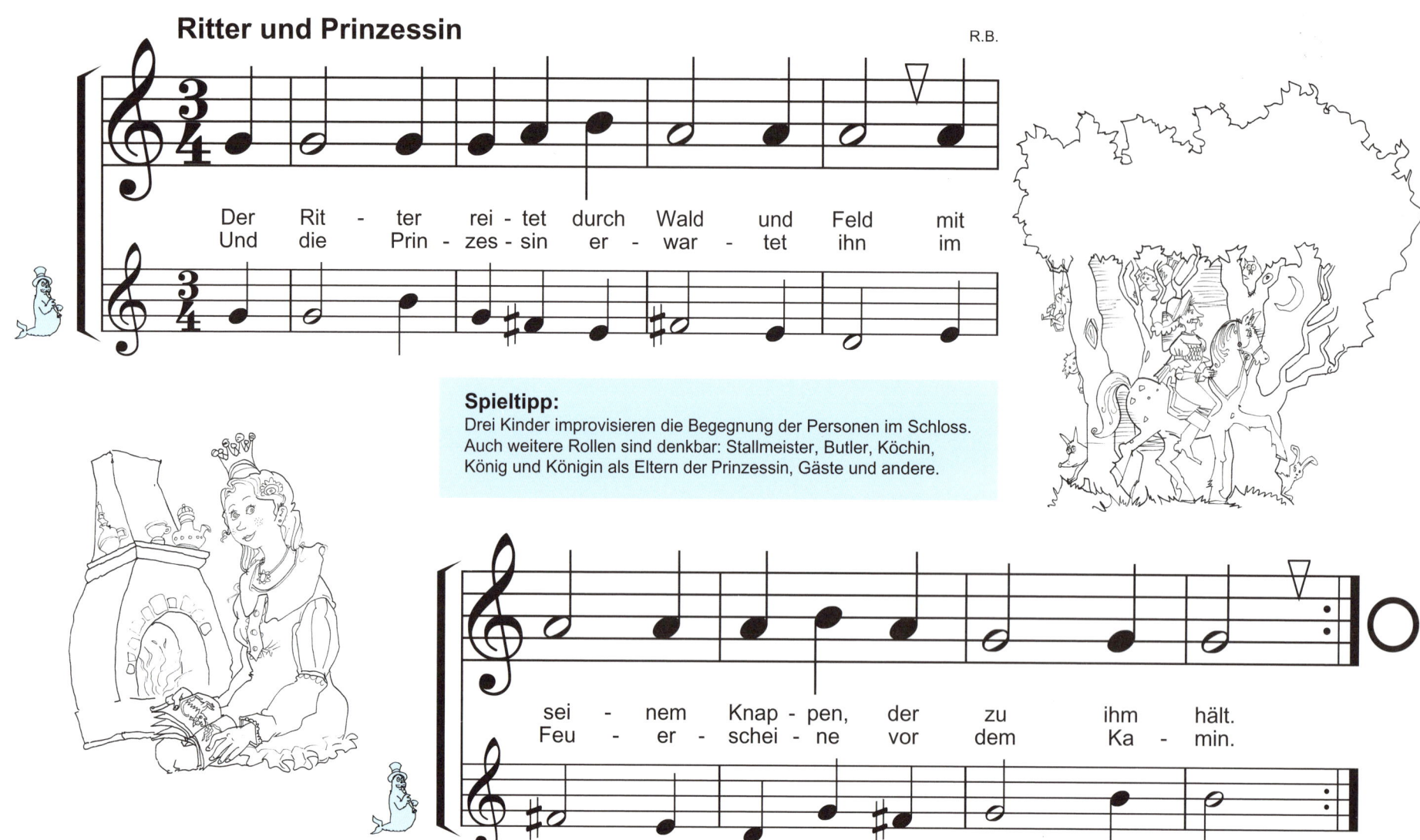

Male den Ton **g** in verschieden langen Noten. **Klatsche**, **sprich** und **spiele** dann.

Male die Töne **a**, **h** und **g** in verschieden langen Noten. **Klatsche**, **sprich** und **spiele** sie dann.
Achte wieder auf die Richtung des Halses und an welcher Seite des Kopfes er sitzt.

Male dazu dein eigenes Bild.

Tipp: Die zweite Stimme kann leicht auf dem **Xylophon** oder **Glockenspiel** gespielt werden.

Tanzende Finger

R.B.

© 2002 Schott Musik International, Mainz

Tanzaufstellung:
Alle Kinder stehen im Kreis, die Hände beidseits gefasst.

Tanzanleitung:
zweimal: Der rechte Fuß tippt taktweise abwechselnd mit der Ferse und mit den Zehen auf den Boden.
einmal: vier Schritte nach rechts im Kreis herum.
Abwechslung:
Zur Wiederholung des Liedes beginnt der linke Fuß, bis die Ausgangsposition wieder erreicht ist.

Das hohe c

Stütze die Flöte mit der rechten Hand.

Cäsars Lied
R.B.

Hör', der Com - pu - ter macht nur die - sen Piep - ton.
Cä - sar der Flö - ter kann ein gan - zes Lied schon!

© 2002 Schott Musik International, Mainz

Zwei Rätsel

Welcher Vogel ist das?

Welches Auto ist das?

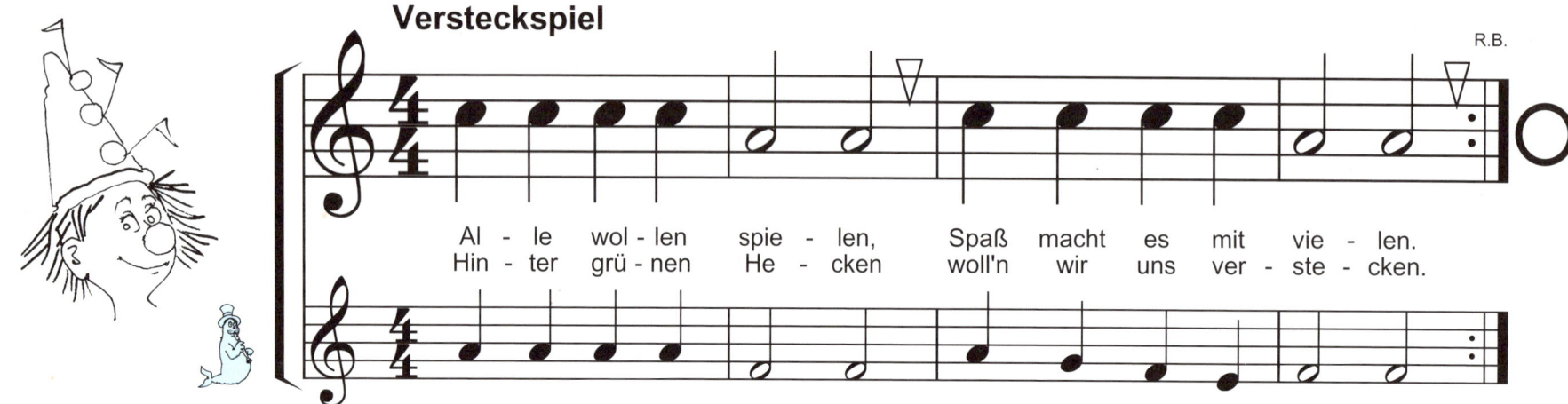

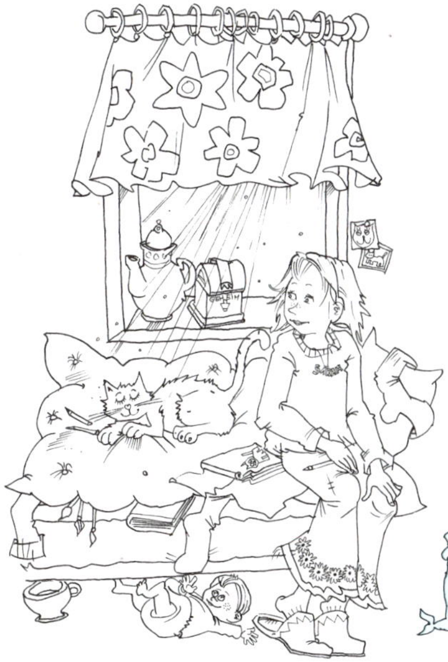
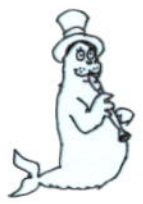

Katzenfreund

R.B.

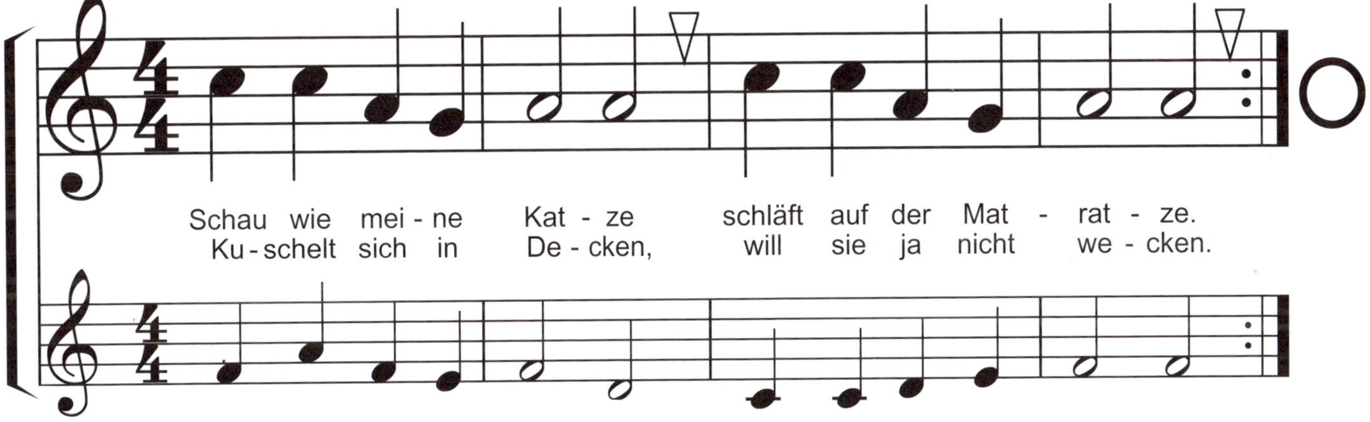

Sonnenstrahl

R.B.

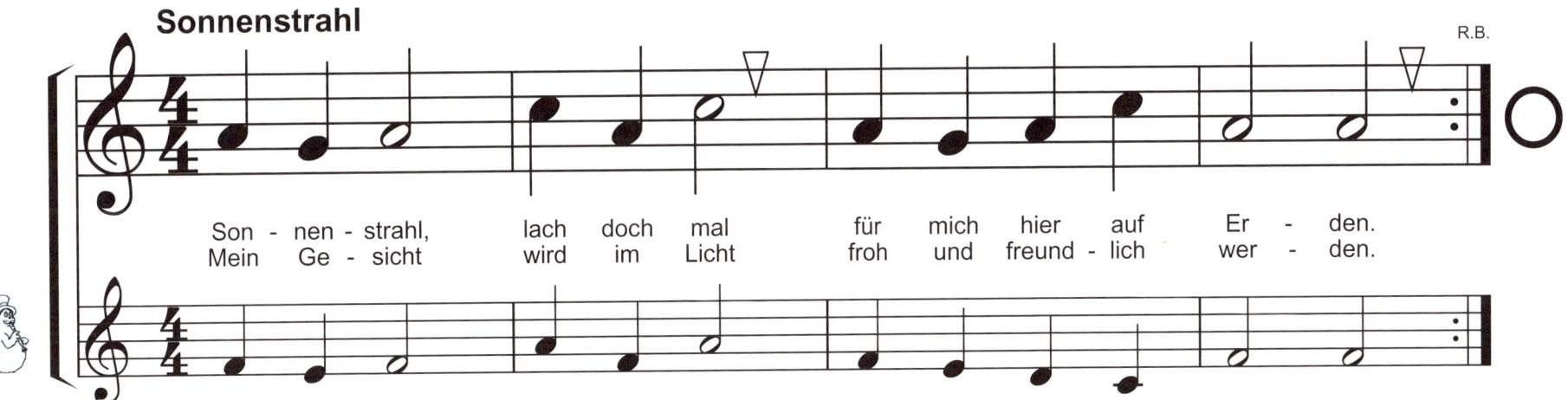

Tipp:
Auch hier kann ein Kind die zweite Stimme mit einem **Xylophon** spielen.

Die Akrobatin

R.B.

Tanz - te 'ne Chi - ne - sen - frau   auf 'ner ho - hen Stan - ge.
Tanz - te mal auf ei - nem Seil.   Mann, das war ge - fähr - lich!

Al - le sa - hen sie ge - nau,   doch ihr war nicht ban - ge.
Als die Kno - chen blie - ben heil,   war sie froh, ganz ehr - lich!

© 2002 Schott Musik International, Mainz

Zirkus-Polka

R.B.

Tipp:
Versuche einmal, vier Takte mit einem Atem zu spielen.

© 2002 Schott Musik International, Mainz

37

Taximann

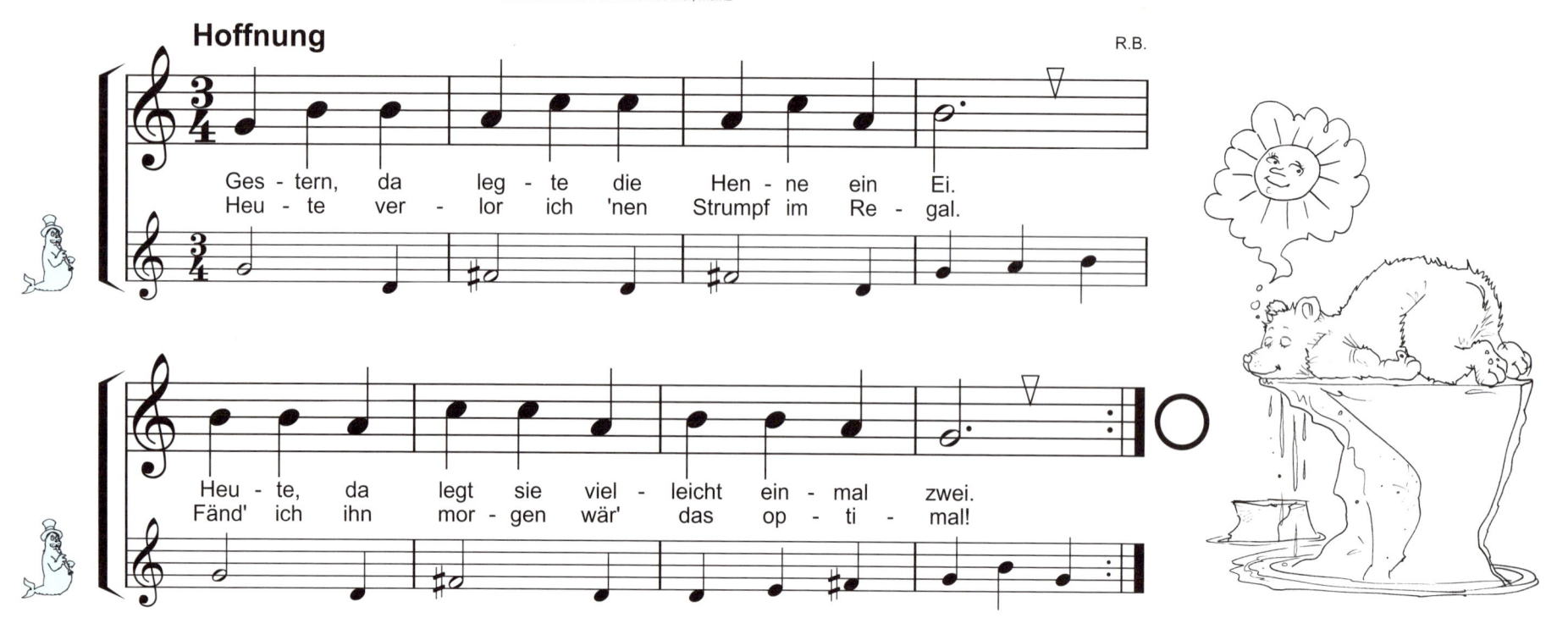

R.B.

Ich bin der Taxi-mann, aus dem fer-nen Ja-pan.
Doch ich fahr', dann und wann, lie-ber mit der U-Bahn.

© 2002 Schott Musik International, Mainz

Hoffnung

R.B.

Ges-tern, da leg-te die Hen-ne ein Ei.
Heu-te ver-lor ich 'nen Strumpf im Re-gal.

Heu-te, da legt sie viel-leicht ein-mal zwei.
Fänd' ich ihn mor-gen wär' das op-ti-mal!

© 2002 Schott Musik International, Mainz

Tanzaufstellung:
Alle Kinder stehen im Kreis, die Hände beidseits gefasst.

Taktweise Schrittfolge:
(Der rechte Fuß beginnt)
vier Schritte nach rechts (Kehrtwendung),
vier nach links,
zwei nach innen,
zwei nach außen,
vier für eine Rechtsdrehung um die eigene Achse (dazu die Hände loslassen und danach wieder greifen).

Tipp:
Übe das folgende Lied zuerst in Bausteinen von zwei Takten.

Rundtanz

Al-le, die im Krei-se ste-hen, ma-chen mit bei die-sem Tanz.
Al-le, die im Krei-se ste-hen, sin-gen mit bei die-sem Lied.

Schritt nach vor-ne, Schritt nach hin-ten und dann dre-hen wir uns ganz.
Ton nach o-ben, Ton nach un-ten und dann sin-gen al-le mit.

© 2002 Schott Musik International, Mainz

Kleiner Eisbär

Der klei-ne Eis-bär schläft auf dem Eis, er träumt vom Sü-den, da ist es heiß!
Vorn an die Schol-le legt er sein Kinn, doch in der Son-ne schmilzt sie da-hin.

© 2002 Schott Musik International, Mainz

Der Ton e

Nun brauchst du auch die zweite Hand zum Greifen.

Elefantenkind

Klei - ner   E - le - fant,   kommst aus ei - nem fer - nen Land,
hast ein   Rie - sen - ohr,   und 'ne Na - se wie ein Rohr.

© 2002 Schott Musik International, Mainz

Hoppe, hoppe Reiter

Hop - pe, hop - pe Rei - ter,   wenn er fällt, dann schreit er.
Bleibt er auf dem Rü - cken,   schreit er vor Ent - zü - cken.

© 2002 Schott Musik International, Mainz

Das hohe d

Der rechte Daumen muss hier helfen, die Flöte zu halten.

Dinosaurierpech R.B.

Dra - go - mir der Di - no, käm' so gern mal im Ki - no.
Hat sich nie be - wor - ben, ist vor - her aus - ge - stor - ben!

© 2002 Schott Musik International, Mainz

Die Feuerwehr R.B.

Ta - tü, ta - ta, die Feu - er - wehr ist da!
Ta - ta, ta - tü, sie kommt nie - mals zu früh!

© 2002 Schott Musik International, Mainz

Segelfliegen

R.B.

Se - gel - flie - gen, das ist schön, kannst die Welt von o - ben seh'n.
Siehst wie bunt die Blu - men blüh'n, dein Ge - sicht nur schim - mert grün!

© 2002 Schott Musik International, Mainz

Bei einem Kanon setzen mehrere Stimmen nacheinander mit derselben Melodie ein. Und das passt dann zusammen!

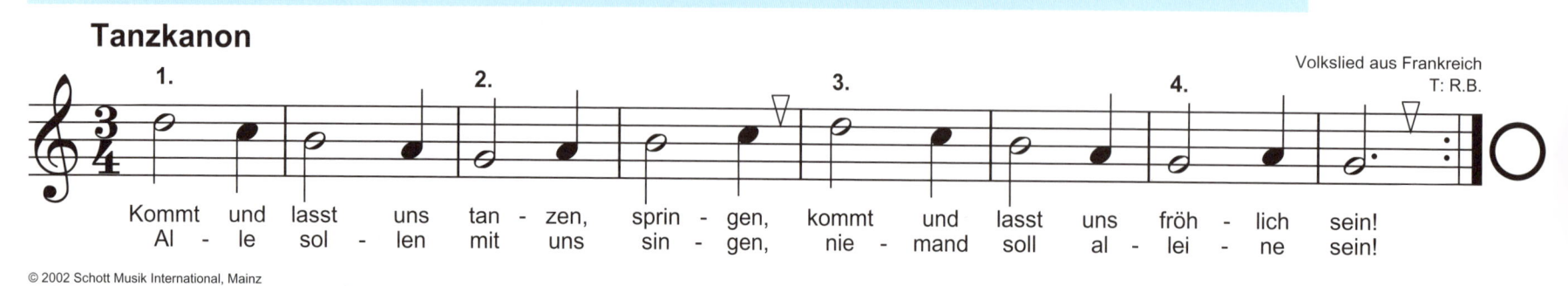

Tanzkanon

Volkslied aus Frankreich
T: R.B.

Kommt und lasst uns tan - zen, sprin - gen, kommt und lasst uns fröh - lich sein!
Al - le sol - len mit uns sin - gen, nie - mand soll al - lei - ne sein!

© 2002 Schott Musik International, Mainz

Tipp: Hat ein Kind Geburtstag, so kannst du ihm mit einem der Lieder auf Seite 68 sicher eine Freude machen!

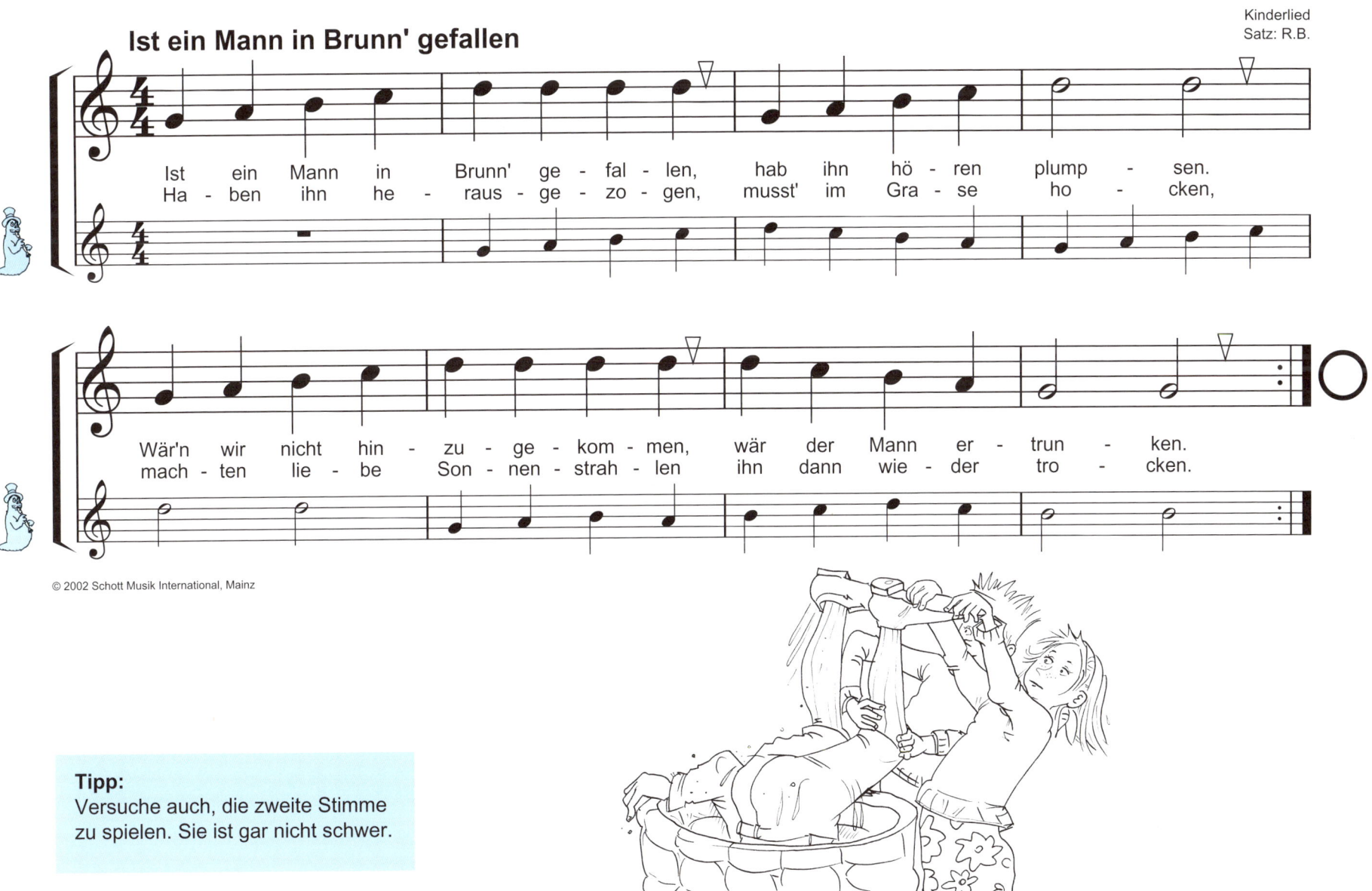

Tipp:
Versuche auch, die zweite Stimme zu spielen. Sie ist gar nicht schwer.

Die Viertelpause

Die **Viertelpause** dauert einen Schlag. Nicht immer wird dabei geatmet.
Klatsche zuerst die Töne in die Hände und die Viertelpause in die Luft.

Kuckuck

Kinderlied, Satz: R.B.
T: Heinrich Hoffmann von Fallersleben

„Ku - ckuck, Ku - ckuck," ruft's aus dem Wald. Las - set uns sin - gen,
Ku - ckuck, Ku - ckuck, lässt nicht sein Schrei'n: „Komm' in die Fel - der,

tan - zen und sprin - gen! Früh - ling, Früh - ling, wird es nun bald!
Wie - sen und Wäl - der! Früh - ling, Früh - ling, stel - le dich ein!"

© 2002 Schott Musik International, Mainz

Das tiefe d

Jetzt ist nur noch ein Griffloch offen.

Dino-Alltag
R.B.

Di - no liegt am Bo - den, ist heut ganz ge - schafft.
Von der Jagd auf Beu - te ist fehlt ihm al - le Kraft!

© 2002 Schott Musik International, Mainz

Posthorn
R.B.

Post - horn zeig' mit dei - nem Klang
Brie - fe o - der Päck - chen an.

© 2002 Schott Musik International, Mainz

Onkel Donald hat 'ne Farm

Kinderlied aus England
Satz: R.B.

1.+2. On - kel Do - nald hat 'ne Farm, hi - a, hi - a, ho. Und
1. auf der Farm, da gibt's ein Huhn, hi - a, hi - a, ho. 'S macht
2. auf der Farm, da gibt's 'ne Gans, hi - a, hi - a, ho. 'S macht

1. tuck, tuck hier, 's macht tuck tuck da, tuck hier, tuck da, tuck, tuck, tuck.
2. gack, gack hier, 's macht gack gack da, gack hier, gack da, gack, gack, gack.

Die ganze Pause ▬

Am Anfang der zweiten Stimme steht eine **ganze Pause**. Sie dauert vier Schläge, **hängt** also nur herum. An welcher Linie hängt sie genau?
Sprich die zweite Stimme zuerst auf „tuck" oder „gack" und versuche sie dann zu spielen. Aber Achtung: Das zweite Huhn und die zweite Gans haben Schluckauf!

Zweite Strophe von vorn

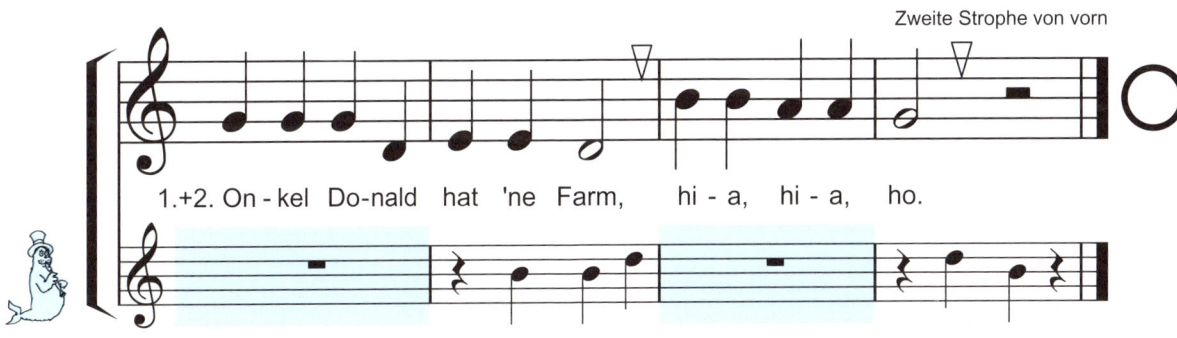

1.+2. On - kel Do - nald hat 'ne Farm, hi - a, hi - a, ho.

© 2002 Schott Musik International, Mainz

Schottisches Lied

leise und langsam

Volkslied aus Schottland
Satz & T: R.B.

In Schott - land trägt der Mann den Rock und spielt den Du - del - sack.
In der Ma - ne - ge sitzt er nie, der Preis ist ihm zu hoch.

Den Pen - ny dreht er spar - sam um und treibt gern Scha - ber - nack.
Schaut lie - ber hin - term Zir - kus - zelt durch ein ganz klei - nes Loch.

© 2002 Schott Musik International, Mainz

Die Achtelnote

Unterteilt man einen Schlag in zwei kürzere Noten, so ergeben sich Achtelnoten. Sie haben am Hals ein **Fähnchen**.

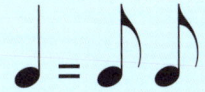

Mehrere Fähnchen werden oft zu einem einzigen **Balken** zusammengebunden.

Zirkus-Ballett

Die Zirkuskinder tappen auf den Zehen hin und her und singen dabei das Tipi-Tap-Lied. Dazu üben sie vorher die Tipi-Tap-Schritte. Sie beginnen immer mit dem rechten Bein. Mach es genauso und probiere zuerst jeden Takt alleine, dann zwei und schließlich alle vier Takte zusammen. Wenn du das kannst, darfst du das Lied dann auf der Flöte spielen. Erfinde, spiele und tanze dein eigenes Tipi-Tap-Lied!

Tipi-Tap-Schritte

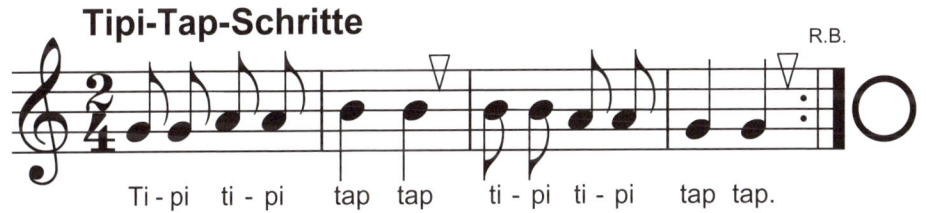

© 2002 Schott Musik International, Mainz

Tipi-Tap-Lied

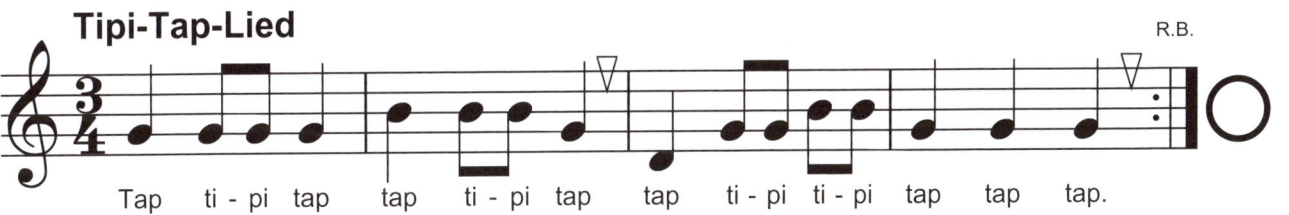

© 2002 Schott Musik International, Mainz

Eigenes Tipi-Tap-Lied

Zirkustiere (Kanon)

nach einem Kinderlied aus Frankreich
T: R.B.

Zir - kus - tie - re, Zir - kus - tie - re rei - sen viel, rei - sen viel,
fahr'n durch fer - ne Län - der, fahr'n durch fer - ne Län - der an ihr Ziel, an ihr Ziel.

© 2002 Schott Musik International, Mainz

Tipp: Dieses Lied kann man durch taktweises Einsetzen auch als **acht**stimmigen Kanon spielen.

Tipp:
Versuche bei diesem und dem nächsten Lied wieder, auch die zweite Stimme zu spielen. Wer kann das schon?

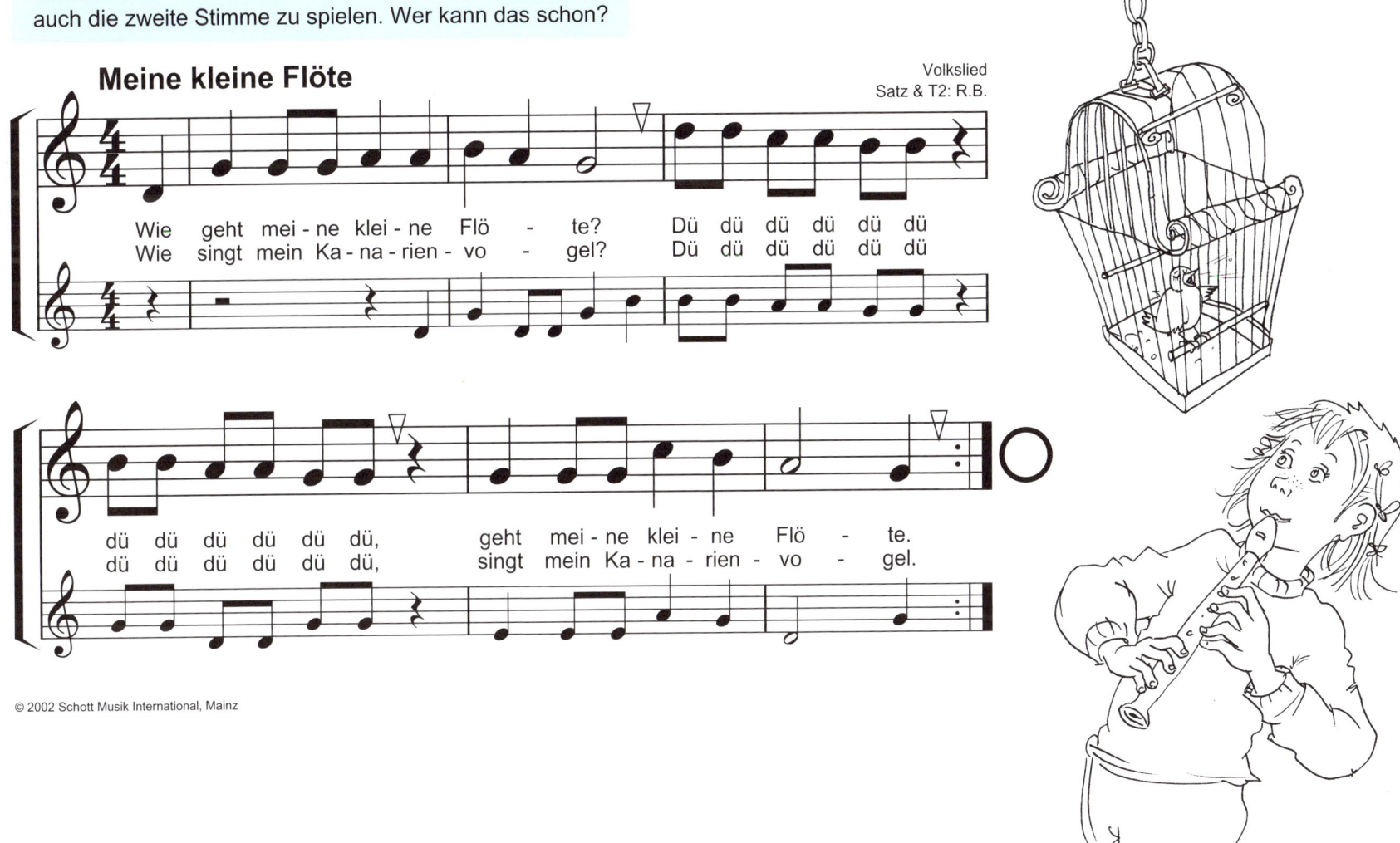

Meine kleine Flöte

Volkslied
Satz & T2: R.B.

Wie geht mei - ne klei - ne Flö - te? Dü dü dü dü dü dü
Wie singt mein Ka - na - rien - vo - gel? Dü dü dü dü dü dü

dü dü dü dü dü dü, geht mei - ne klei - ne Flö - te.
dü dü dü dü dü dü, singt mein Ka - na - rien - vo - gel.

© 2002 Schott Musik International, Mainz

Wir sind zwei Musikanten

Volkslied aus Schwaben
Satz: R.B.

1.+2. Wir sind zwei Mu-si-kan-ten und komm'n aus Schwa-ben-land. Ihr

Spieltipp:
Die Kinder spielen eine Szene in doppelter Besetzung mit Flöten und Gesang: Die Musikanten wandern durch den Raum und ahmen pantomimisch das Spielen der verschiedenen Instrumente nach. Die anderen Kinder stellen dazu das Publikum dar.

seid zwei Mu-si-kan-ten und kommt aus Schwa-ben-land.

1. Wir kön-nen spie-len Vi-o-, Vi-o-, Vi-o-lin',
2. Wir kön-nen spie-len Kla-ri-, Kla-ri-, Kla-ri-nett',

© 2002 Schott Musik International, Mainz

Das tiefe c

Jetzt müssen alle Grifflöcher geschlossen sein.

Celloclown

Tipp: „Cello" wird italienisch als „tschello" gesprochen!

Cel - lo - clown spielt tie - fe Tö - ne, je - der Fin - ger ist da - bei.
A - ber halt, er hat doch zeh - ne! Schau, ein klei - ner ist noch frei!

© 2002 Schott Musik International, Mainz

Der Ton f

deutsche Griffweise **barocke Griffweise**

Bei der barocken Griffweise sind die Griffe des **f** und des tiefen **c** fast gleich.

Froschmahlzeit

R.B.

Fred wohnt im Teich und er fängt so gern Flie - gen, auch wenn bei Nacht sie im Ma - gen ihm lie - gen.
A - bends am U - fer, da tan - zen die Schna - ken. Fred weiß das auch, frisst sie auf und muss qua - ken.

© 2002 Schott Musik International, Mainz

Tipp:
Versuche ab jetzt auch immer die **zweite Stimme** zu spielen.

Posthorn
(vgl. S.50) R.B.

Post - horn zeig' mit dei - nem Klang
Brie - fe o - der Päck - chen an.

© 2002 Schott Musik International, Mainz

Kleine Tänzer
R.B.

Kommt und lasst uns tan - zen, fasst euch an der Hand.
Kommt und laßt uns sprin - gen, und gleich noch ein - mal.

Lin - kes Bein und rech - tes Bein, Ge - sich - ter hin zur Wand.
Lin - kes Bein und rech - tes Bein, Ge - sich - ter in den Saal.

Tanzanleitung:
Abwechselnd in halben Noten hüpfen:
linkes Bein in die Luft,
beide Beine am Boden,
rechtes Bein in die Luft,
beide Beine am Boden.

© 2002 Schott Musik International, Mainz

Indianerlied

leise und langsam

M: nach Antonín Dvořák
T: R.B.

Häupt - lings - sohn klei - ner Bär schleicht durch die Prä - rie.
Schwarz und rot im Ge - sicht, Fe - der an - statt Hut.

Kei - ner hört sei - nen Gang, und man sieht ihn nie.
Schmerz und Angst kennt er nicht, hat In - dia - ner - mut.

© 2002 Schott Musik International, Mainz

Tipp:
Hier kann die zweite Stimme wieder mit dem
Xylophon oder **Glockenspiel** gespielt werden.
Wer spielt die **Indianertrommel** dazu?

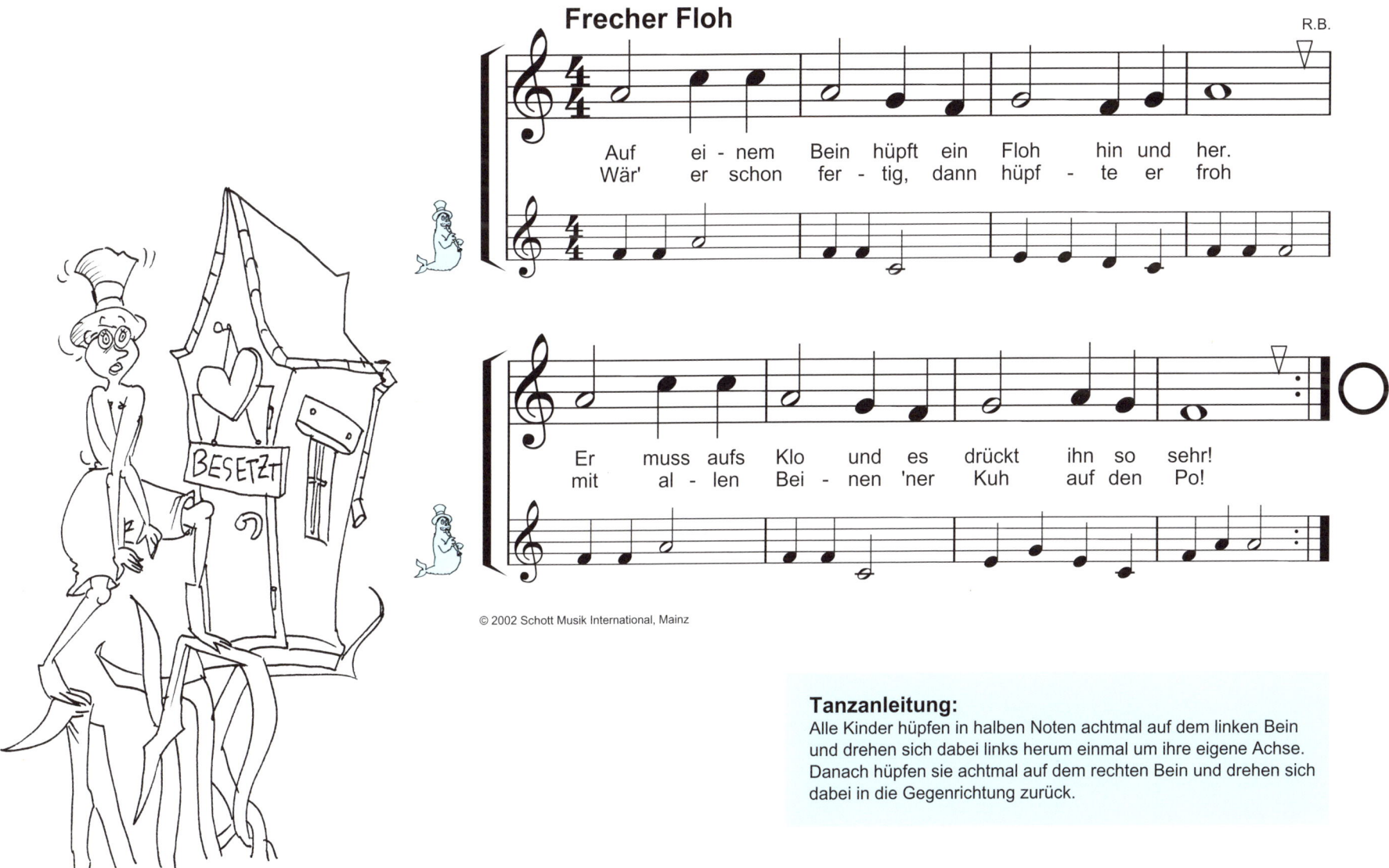

Tanzanleitung:
Alle Kinder hüpfen in halben Noten achtmal auf dem linken Bein und drehen sich dabei links herum einmal um ihre eigene Achse. Danach hüpfen sie achtmal auf dem rechten Bein und drehen sich dabei in die Gegenrichtung zurück.

Heimweh

Volkslied aus Bolivien
Satz & T: R.B.

Von dem Hoch-land der An-den, da kom-me ich her. Mei-ne Mut-ter, mein Va-ter ver-mis-sen mich
Ach, wie geht's mei-nem E-sel und La-ma im Stall? Spie-len mei-ne Ge-schwis-ter denn im-mer noch

sehr. Doch bin ich so fer-ne und bin so al-lein, wär' un-heim-lich ger-ne bei ih-nen da-heim.
Ball? Ob sie wohl ge-wach-sen, er-kenn' ich sie noch? Das möch-te ich wis-sen, sie feh-len mir doch.

© 2002 Schott Musik International, Mainz

Alle meine Entchen

Kinderlied

Al-le mei-ne Ent-chen schwim-men auf dem See, Köpf-chen un-ters Was-ser, Schwänz-chen in die Höh'.

Tipp: Versuche auch *Ist ein Mann in Brunn' gefallen* (S.45) vom **tiefen c** aus oder den *Tanzkanon* (S.44) von **g** aus zu spielen.

Der Haltebogen

Geht ein ausgehaltener Ton bis in den nächsten Takt hinein, werden die Noten durch einen **Haltebogen** verbunden.
Im folgenden Lied ist die letzte Note eine Vierschlagnote, die länger als ein Dreiertakt dauert.

Abendlied

Volkslied aus dem Odenwald
Satz: R.B.

© 2002 Schott Musik International, Mainz

Lieder für besondere Anlässe

Geburtstag

Ständchen

R.B.

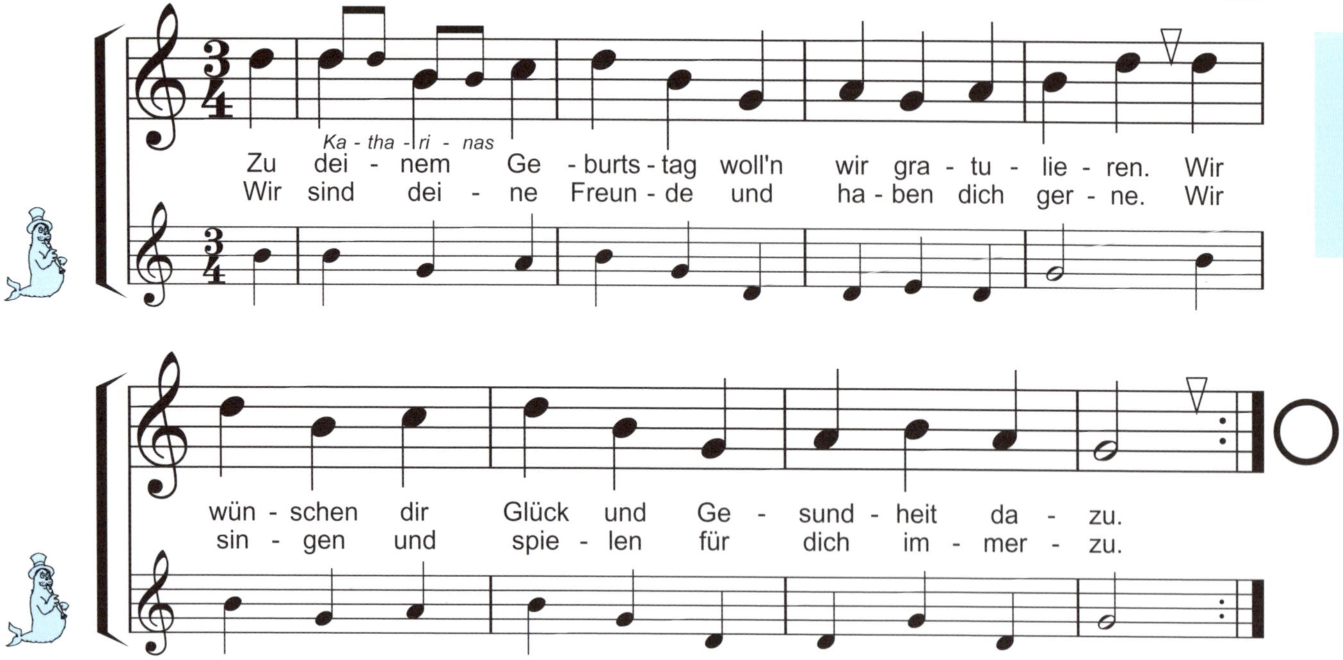

Tipp:
Bei der zweiten und dritten Note kann auch der Name des Geburtstagskindes eingesetzt werden, bei Bedarf mit Achteln wie angegeben.

Ka-tha-ri-nas
Zu dei-nem Ge-burts-tag woll'n wir gra-tu-lie-ren. Wir
Wir sind dei-ne Freun-de und ha-ben dich ger-ne. Wir

wün-schen dir Glück und Ge-sund-heit da-zu.
sin-gen und spie-len für dich im-mer-zu.

© 2002 Schott Musik International, Mainz

Viel Glück und viel Segen (Kanon)

volkstümlich

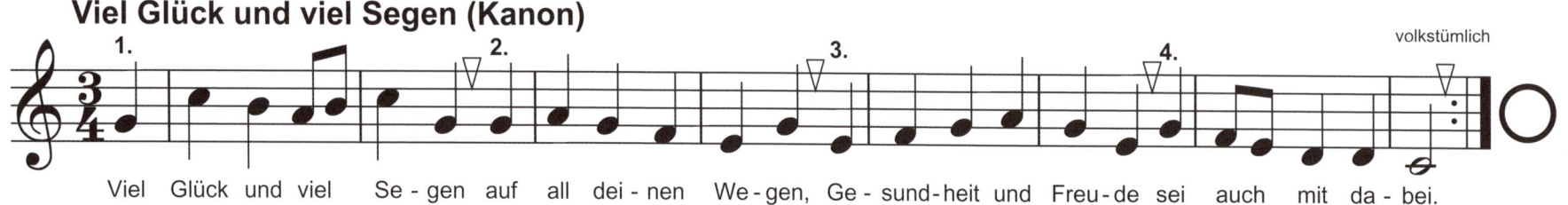

Viel Glück und viel Se-gen auf all dei-nen We-gen, Ge-sund-heit und Freu-de sei auch mit da-bei.

Die punktierte Viertelnote ♩.

Die **punktierte Viertelnote** dauert eineinhalb Schläge, so lange
wie drei Achtelnoten. Auf Schlag „2 und" folgt ihr eine Achtelnote.
Weitere Lieder mit punktierter Viertelnote findest du auf den Seiten 78 und 80.

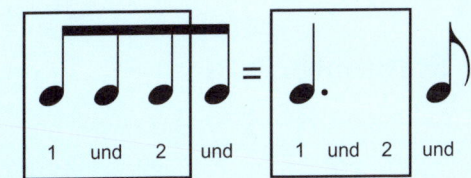

Frühling

Tipp: Ein weiteres Frühlingslied steht auf Seite 48.

Volkslied, Satz: R.B.
T: Heinrich Hoffmann von Fallersleben

© 2002 Schott Musik International, Mainz

71

Sommer

Der Sommerkanon

nach einem Volkslied aus England
dt.T: R.B.

Som - mer ist ins Land ge - zo - gen. Sin - ge laut, Ku - cku!
Saat wird grün, die Wie - sen blüh'n, der Wald be - laubt im Nu.

Tipp: Ein weiteres Sommerlied findest du auf Seite 46.

© 2002 Schott Musik International, Mainz

Herbst

Laternenlied

Refrain

Kinderlied
Satz: R.B.

Ich geh mit mei - ner La - ter - ne, und mei - ne La - ter - ne mit mir.
Dort o - ben leuch - ten die Ster - ne, und un - ten da leuch - ten wir.

© 2002 Schott Musik International, Mainz

Strophen

Jede Strophe wird mit demselben Text wiederholt. Darauf folgt wieder der Refrain.

1. Der Hahn, der kräht, die Katz' mi - aut. Ra - bim - mel, ra - bam - mel, ra - bumm.
2. La - ter - nen - licht, ver - lö - sche nicht. Ra - bim - mel, ra - bam - mel, ra - bumm.

Winter

Schneeflöckchen, Weißröckchen

Kinderlied
Satz: R.B.

Schnee - flöck - chen, Weiß - röck - chen, da kommst du ge - schneit. Du kommst aus den Wol - ken, dein Weg ist so weit.
Komm, setz dich ans Fens - ter, du lieb - li - cher Stern. Malst Blu - men und Blät - ter, wir ha - ben dich gern.

© 2002 Schott Musik International, Mainz

Advent

O Heiland, reiß die Himmel auf

M: Volkslied, Satz: R.B.
T: Friedrich Spee von Langenfeld

O Hei - land, reiß die Him - mel auf, he - rab, he - rab vom Him - mel lauf,
O Gott, ein' Tau vom Him - mel gieß, im Tau he - rab, o Hei - land, fließ.

reiß ab vom Him - mel Tor und Tür,
Ihr Wol - ken, brecht und reg - net aus

reiß ab, wo Schloss und Rie - gel für.
den Kö - nig ü - ber Ja - kobs Haus.

© 2002 Schott Musik International, Mainz

Tipp:
Ein freches Nikolauslied findest du auf Seite 25.

Andacht

Lobet den Herren (Kanon)

M: nach Johann Crüger
T: Paul Gerhardt

© 2002 Schott Musik International, Mainz

Sende dein Licht (Kanon)

volkstümlich
T: nach Psalm 43

© 2002 Schott Musik International, Mainz

Erntedank und Tischgebet

Halleluja (Kanon)

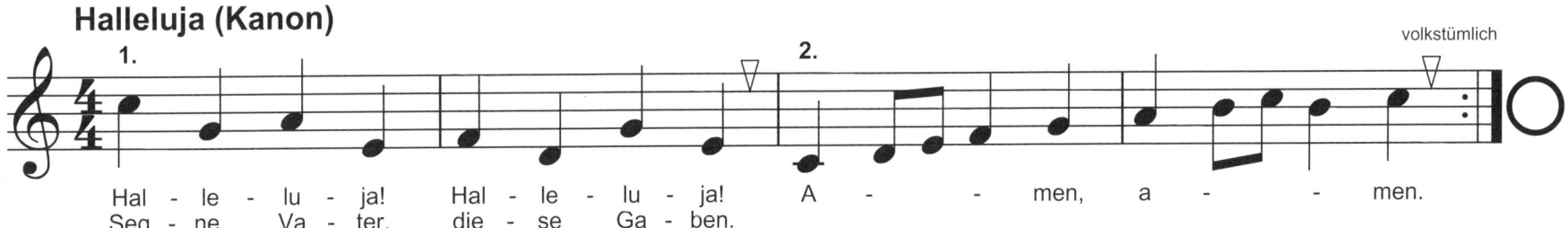

volkstümlich

© 2002 Schott Musik International, Mainz

Feiertag

Europa-Hymne

M: Ludwig van Beethoven, Satz: R.B.
T: Friedrich Schiller

Freu-de, schö-ner Göt-ter-fun-ken, Toch-ter aus E-ly-si-um, wir be-tre-ten feu-er-trun-ken, Himm-li-sche, dein Hei-lig-tum. Dei-ne Zau-ber bin-den wie-der, was die Mo-de streng ge-teilt; al - le Men-schen wer-den Brü-der, wo dein sanf-ter Flü - gel weilt.

© 2002 Schott Musik International, Mainz